一期一会のサービス

TREASURE EVERY ENCOUNTER, FOR IT WILL NEVER RECUR.

S E R V I C E

タクシードライバー50の感動エピソード

タクシードライバーズフェスタ実行委員長
酒井大介 Daisuke Sakai

SOGO HOREI PUBLISHING CO., LTD

『タクシーとの一期一会』　～推薦文にかえて～

私は、東京は江戸川区で『読書のすすめ』という、小さな書店を経営しております。また、『読書普及協会』というＮＰＯ法人の理事長も務めさせていただいております。その関係で、講演会などに呼ばれて全国に出張する折には、よくタクシーを利用させていただきます。

私にとってタクシーとは、その地域のおいしいラーメンや面白い場所を聞くための大切な情報収集の手段であり、その土地の方々と触れ合うことのできる重要な場でもあります。それはただ単に目的地に行くための手段以上に、私が旅を楽しむための重要であり、必要不可欠な要素だと考えています。

今まで、色んな楽しい経験をすることができました。時には嫌な思いをしたこともあります。

これはそんな私の体験のなかで、思い出深い京都でのエピソードです。

「〝一花一如来（いっかいちにょらい）〟って知ってはりますか？」

京都でタクシーに乗ったら、いきなり運転手さんがたずねてきました。

「どんな花にも、ひとつの花にひとりの如来さんがいてますねん。花を見ると元気になりますやろ。あれは如来さんのおかげなんですわ」

興味深くうなずいていると、運転手さんは、

「人は自分の心と体を癒すことはできんでも、他人を元気にすることはできますんや。自分の顔は他人のためにあるんですわ」

と、熱心に話をしてくれます。運転手さんはあまりにも話に熱がこもりすぎたのか、

「あっ！　曲がるところ、通り越してしまいました（笑）」と言う始末。

到着予定時間よりも少しオーバーしてしまいましたが、おかげで旅全体が楽しく、思い出深いものになったのは言うまでもありません。

東洋思想家である安岡正篤の言葉に『喜神を含む』というのがあります。これは自分の行ないに、常に喜びと感謝の心を持って事にあたると、その行動には神が宿り、その人の命運は自ずと開けていくというものです。

このタクシー運転手さんのサービスはまさに、『喜神を含む』ものでありました。そしてそれは、『一花一如来』にもつながるものであると思います。

タクシーは知らない土地で目的地に行くためのとても便利な手段であるとともに、時として、人と場所との出会いをつなげる素敵な役割も果たしてくれます。私も仕事がら、〝人と本との素敵な出会い〟を心がけている者として、この出来事は非常に勉強になりました。また、これは私やタクシードライバー以外のお仕事にもつながるものではないでしょうか?

本書のエピソードはどれも喜神を含んだサービスを心がけている方たちだからこそ生まれた出来事です。

この本を手に取ってくれたあなたにとって、本書が素敵な一期一会の気づきになることを願って止みません。

清水克衛(本のソムリエ)

はじめに

２００９年9月6日、待ちに待ったあるイベントの幕が上がりました。

「タクシードライバーズフェスタ２００９」

全国のタクシードライバーが「東京よみうりホール」に集結し、日本一のタクシードライバーを決める業界最大のお祭り。その記念すべき第1回です。

――タクシードライバーという仕事の素晴らしさをもっと発信したい

私が本気でそう思い始めたのは、この日のちょうど1年前でした。あるタクシー会社で、新規採用のドライバー面接をしていたときのことです。面接に来ていたのは、高橋さん(仮名)という片腕の青年。最初は事務職での採用として面接は進んでいました。

そのとき、社長がその片腕の高橋さんに向かってこう言いました。

「高橋さん、せっかくタクシー会社に勤めるんだから、タクシードライバーを目指してみませんか？」

そのとき、高橋さんの目が〝キラッ〟と輝き、でもスグにまた曇りました。

「でも、片腕でタクシードライバーができるのでしょうか？」

社長はかぶせるように言いました。

「ウチの会社は挑戦する前にあきらめてしまうような人材はいらないよ」

高橋さんの目の輝きは本物になりました。それから怒涛のように話しはじめた高橋さんの言葉は、今も鮮明に覚えています。

「人の役に立つ仕事ができる」

それまで、何度も「障害者向け就職フェア」に通っていた高橋さんは、「障害者でもできる簡単な仕事を勧める人」「障害者を雇うと補助金がもらえるから来ている人」に、たびたび失望させられてきたそうです。

そんな高橋さんが、初めて「健常者と等しく」扱われ、人の役に立てる仕事に出会えた喜びは、想像に難くありませんでした。

そのときです。自分の中にあったなにかがパーンと弾けました。

「タクシードライバーって、社会的地位が低いよね……」

そう思っていたのは、結局自分自身であり、タクシー事業経営者であり、タクシードライバー自身だったんだ。この目の前にいる高橋さんは、タクシードライバーという仕事にこんなに魅力を感じている。「直接人の役に立てる」この仕事に就けることにこんなに喜びを感じているじゃないか！

タクシードライバーという素晴らしい仕事を世の中に発信する。ただその一点を目的として、タクシードライバーズフェスタという企画は走り出しました。

この本は、第1回タクシードライバー大賞のノミネート50人の応募エピソードをまとめたものです。笑いあり、涙あり、中にはタクシードライバーという職業の厳しさを伝えてくれるものもあります。決して飾ることのない、タクシードライバーの日常に散りばめられたエピソードを通して、この仕事の素晴らしさの一端でも伝えることができれば……。そんな想いで出版にいたりました。

この本を手に取っていただいたみなさまと、「タクシードライバーって素晴らしい！」という想いをすこしでも共有できたとしたら、望外の喜びです。

タクシードライバーズフェスタ実行委員長
酒井大介

●目次

『タクシーとの一期一会』～推薦文にかえて～　1
はじめに　4
私の養子になりなさい　14
電話番号覚えていますか？　18
大ウナギを探しに１００キロ　22
いったい、何者？　26
それ、ドラゴンズ？　30
物騒なものはしまってください　33
御社に決めた理由　36
迷惑をかけたのはコチラです　38
心づかいは人のためならず　40
お酒はほどほどに　42

宝物のレシピ　45
夜中、無人駅にひとり　49
2年ごしのありがとう　53
運転手さんの名刺はおまもり　56
奇跡の親孝行　59
子育て・しつけタクシー　62
おばあちゃんと運転手の救出劇　66
天国への旅立ち　70
要介護患者Kさんの消息　74
いってらっしゃい、お元気で……　78
天使の笑顔　82
笑顔が教えてくれる本当の喜び　84
舞い戻ってきた茶封筒　87
夢と希望がかなうタクシー　91
運転手さんとお墓参り　95
「伝説の救命ドライバー」わが命を顧みず　98

肢体不自由2級の運転手　101
息子ともども感謝しています　105
いぶし銀の技が冴えるプロ運転手　108
泣く子も笑うドライバー　111
笑顔の素敵なナイスガイ！　114
介護タクシーなんていらない　118
右か左か？　122
天からの授かりもの　126
引越し先の心強い味方　130
チームワークでとり戻した「ありがとう」　134
当たった！　宝クジ　137
妻に花を買った日　140
銀行マンからのメール　143
それでも笑顔をくださったお客さま　146
近距離でも喜んで！　149
息子のようだった運転手さん　153

家族旅行から行幸まで――勤続25年の思い出 157
はじめて見た奥さまの笑顔 161
ひとりでタクシーに乗った日 164
故郷のお墓を発見 167
新人ドライバー 170
義眼のお客さま 173
忘れられない「ありがとう」 176
ずっと待っていてくれたお客さま 179

あとがき 182

出版プロデュース　竹下祐治
編集協力　鈴木ゆかり
装丁　冨澤　崇（ebranch）
本文組版　横内俊彦

本書に収録されたエピソードはすべて実話に基づいています。
ただし、一部脚色を加えた上、会社名や個人名などは変更しています。
あらかじめご了承ください。

私の養子になりなさい

たくさんの買い物袋を抱え、ご婦人はタクシーを待っていました。

弊社をごひいきにしてくださっているこのご婦人は、この街では知る人ぞ知る資産家未亡人です。

荷物をお預かりし、ドアサービスを終えて私が運転席に戻ると、後部座席からとても深いため息がもれてきました。

買い物疲れもあったのでしょう。

「どうぞごゆっくり」と、一声かけると、ご婦人は、体を斜めにしてシートに深く身をあずけました。

てっきり、うとうと居眠りでもするのだろうと思いきや……

「まったく、ひとりだと何をするにも大変だわ」

と、独り言にしてはすこし高すぎる声音でつぶやかれました。

どう対処すべきか躊躇したのですが、「そうですよね」と、相槌を打ったところ、それが合図とばかりに、ご婦人はいろいろなことを話しはじめました。

何ということもない話題もありましたが、なかには、同じ世間話でも、資産家のセレブマダムのそれは、庶民感覚の私には時おり想像を超えるものもありました。

10年前にご主人を亡くして以来、ずっとひとりであの大邸宅で暮しているというご婦人。何年も前から自分の子供たちとうまくいってないようで、莫大な遺産のこともどうしようか悩んでいるというではありませんか。まるで、テレビドラマのストーリーのようです。

資産・財産のことはさておき、私は、家族みんなが元気で暮らせている今の自分がとても幸せに思え、同時に、周囲からは「資産家」などと呼ばれ、羨ましがれているような人でも、こうして辛い悩みを抱えていることを知り、だんだん切なくなってしまいました。

「お気の毒に……そうでしたか。さぞかしお辛いことでしょう……」

気の利いたことも言えず、時おりそうした相槌を打ちながら、ただ聞いてあげることしかできませんでした。

そうしているうちに、ご婦人の邸宅に到着しました。

降車のドアサービスをしようと、シートベルトを外そうとした瞬間、

「もらい物のおまんじゅうがあるから寄っていきなさい」

運転席のほうに勢いよく身を乗り出して、ご婦人が言いました。

せっかくのお申し出を無下にするわけにもいきません。私は困惑してしまいましたが、とりあえず、いつものように玄関まで荷物を運んで行ったのです。

「見て！　これ、私がすごく気に入っているものなの」

見ると、ご婦人は、満面の笑みをたたえ、玄関に飾ってある絵を指さしていました。そして、その絵の説明をはじめたのです。

まったく絵心のない私ゆえ、説明を聞いてもあまりわからず、ただ、「高価なものなんだろうなぁ」という気持ちだけでその絵を眺めていました。

「こっち！　こっち！」

絵の説明が終わるやいなや、ご婦人はお庭のほうへ小走りで駆け出して行きました。すると今度はガーデニングの説明がはじまりました。

そして、さらにそれは、家を改装した話から調度品の話にまでどんどんひろがっていったのでした。

ご婦人がようやく一息ついたタイミングで、私はお礼を言って帰ろうとしました。が、そのときでした。

「あなた、私の養子になりなさい」

ご婦人の真剣なまなざしが、疑う余地もなく、この私に向けられていました。まるで、ヘビににらまれたカエルのような状態、とでもいうのでしょうか。迫力がありました。

思えば、これまでにも、車中でいろいろなお客さまから相談をもちかけられたり、悩みをうちあけられたりしてきました。しかし、このときばかりは、どう対処してよいものやら、頭が真っ白になっていました。

それでもどうにか、ご婦人の申し出を丁重にお断りし、夢と現実をさまよっているかのような不思議な感覚におそわれながら、私はタクシーに戻ってきました。

「清水さん！　いったい何分かかっているのよ！」

そこで待っていたのは現実世界。そう、配車担当からの激しいお叱りでした。

お客さま、申し訳ありません。やはり私には待っている人たちがいるのです。

でも、たまにどうしてもお辛くなったとき……、そんなときには、いつでもお声がけくださいね。

電話番号覚えていますか？

午前3時、深夜勤務といってもほとんど仕事のない、静かな時間帯のことでした。

運転席で待機していると、目の前に自転車に乗ったおじいちゃんがあらわれました。

「これ積めますか？」

おじいちゃんが差し出したのは、まさにその自転車でした。

かなり重そうな自転車……。私はすこし躊躇しました。というのも、営業車はクラウンコンフォートの中型で、当然トランクには入りきらなかったからです。

しかし、この真夜中にこんな高齢の方が自転車で走っているというのも、何か事情があるに違いありません。それより、何かあっては大変です。私はおじいちゃんを乗せることにしました。

しかし、行き先を「あけぼの町」としか言わないおじいちゃん。すこし不安が残るなかでの出発でした。

私は、車中ずっとおじいちゃんと会話をし続けることにしました。そこでわかったのは、おじいちゃんはここから50キロほど離れた県庁所在地の町に住んでいて、何と、認知症だということでした。

昼過ぎから徘徊していたらしく、自分の住む町から二つ先の町まで行ってしまい、帰ろうと思って自転車をこいでいたら、逆方向へどんどん進んでいってしまい、気がつけばここまで来ていたということでした。私は内心仰天してしまいました。

さて、あけぼの町までは難なく来ることができたのですが、ここからが問題でした。どうにもおじいちゃんの自宅を見つけることができません。

おじいちゃんのうろ覚えの記憶をたどり、周辺をぐるぐると回っていると、時刻は明け方の午前5時をまわってしまっていました。

すでにメーターを切り、おじいちゃんの家を延々探し続けていたのですが、この頃になると、正直私も閉口し、「警察に任せようかな」と、あきらめモードになっていました。

このとき、ふと、「認知症でも電話番号なんかは覚えているものだろうか？」という疑問が脳裏に浮かびました。

「お客さま、おうちの電話番号はご存じですか？」

「はぁ……？」

やっぱりダメかと、肩を落としたそのときでした。

「あぁ、家の電話番号か」

そう言うと、まるで、スイッチがオンになったかのように、はっきりとした口調で電話番号が返ってきたのです。

とは言え、この明け方の時間に電話したりしては迷惑なのでは？　それより何より、本当にこの番号がおじいちゃんの自宅の番号なのか？　私はためらいました。

しかし、もし本当だとしたら、ご家族の方はどんなに心配しているだろう……、意を決し私はその番号にダイヤルすることにしました。

「え、おじいちゃんが！　無事なんですね！」

ワンコールで電話に出たのは、まぎれもなくおじいちゃんのご家族の方でした。

私がとった行動が正しかったかどうかはわかりません。

あとで聞いた話では、ご家族は警察に捜索願まで出していたそうです。ですから、あの

とき私が警察に駆け込んでいたとしても、それで問題は解決していたのです。しかし、

「警察沙汰にもならずに、本当にありがとうございました」

そう言って、翌日わざわざお礼にみえたご家族の安堵の表情とその言葉に、私は救われる思いがしました。

もっとも、私はタクシードライバーとして当然のことをしたまでだと考えていたので、実はご家族がいらっしゃるまでこの件を会社の誰にも話していませんでした。ご家族と私から一部始終を知った社長からは後でこのようなお褒めの言葉をいただきました。

「公共機関として、そしてお客さまを運ぶサービス業として、当たり前のことを当たり前にする、これはできそうでなかなかできないことだ。君のようなドライバーがわが社にいることを誇らしく思うよ」

今後もこの「当たり前のことを当たり前にすること」の大切さを胸に刻んでタクシードライバーの仕事に励んでいきたいと思います。

大ウナギを探しに100キロ

県立病院まで迎えの配車指示が入ったときのことでした。

「お客さまの要望では、北陸や郡上などへ行きたいようなんですけれど……」

そう言うと、配車担当者は妙なことを伝えてきました。

「ちょっと電話では要領を得ないので、直接お話を聞いてみてもらいたいんです……」

不思議に思いつつ病院へ行ってみると、待っていたのは、物静かで品の良い初老のご婦人でした。

「ウナギが見たいので、郡上へお願いします」

一瞬、我が耳を疑いました。

郡上といえば、ここから北へ100キロ近くも行ったところで、しかもそこは、ウナギではなく「長良川のアユ」で有名なところだったからです。

「お客さま、アユではなく、ウナギですか？」

念のため、そう聞き返しました。

「昔、大ウナギを見たことがあるので、それを見たくて……」

やはり、ウナギでした。

そこで私は、料金が高額になることや相当な時間がかかることを説明しました。その間、受け答えの感じでは、失礼ながら認知症ではないようだと判断した私は、納得をいただいたうえで、お客さまのご要望どおり車を走らせることにしたのでした。

内心、「そんなところへ行ってもウナギなんているはずもないのに……」と、思っていました。それ以前に、なぜ病院からウナギを見に行くのかが不思議でなりませんでした。

そうしたこともあり、道中いく度となく声をかけてはみたのですが、とても無口なお客さまで、話も途切れてしまいがちでした。

お客さまには必要以上の詮索をすべきではありません。私の今の仕事はあくまでも、「お客さまにウナギを見ていただくことだ」、そう割り切ることにしました。

「この辺にウナギはいますか？」

郡上市のすこし手前の道すがら、地元の方をつかまえて、声をかけてみました。

やはり、誰もが「アユなら……」と答えます。

ところが、何人かに声をかけていくうちに、

「ああ、このすこし先に天然記念物『粥川の大ウナギ』の生息地があるよ。ただ、昔はいたけれど、今は見られないだろうねぇ」

と、こちらが仰天する答えが返ってきたのです。

教えられた場所に到着し、川のほとりにたどりつくや、ご婦人は真剣な眼差しを川面に向け、ウナギを探し出しました。

あまりの真剣な眼差しに、「どうにかして、どうにかして見つけてさしあげたい!」と、心が動かされました。

私は、上流まであがってみることにしました。そして、延々と川面をたどってみたのですが、どうしても見つけることができません。

「もういいですよ、ウナギは見られなかったけど、小魚がたくさん見られましたから。ここまで連れて来てくださって、本当にありがとう」

顔を上げると、ご婦人がそう言って微笑んでいました。

割り切ってはいたものの、その実、「いったい、どんなご事情があったのだろう？　どんな理由からなのだろう？」と、いろいろ内心で詮索していた私でした。

しかし、このとき、晴れ晴れとした顔のご婦人からの「ありがとう」の一言に、もうそんなことはどうでもよくなってしまいました。

長い人生ではさまざまなことがあり、さまざまな想いがあるのでしょう。しかし、ほんの些細なことでも、このご婦人の人生のお役に立つことができたのかもしれません。

ご婦人の笑顔に、「何だか、自分は本当にいい仕事をさせていただいているのだなぁ」と、しみじみ思わされました。

いったい、何者？

車を走らせ、指定された焼肉レストランへ到着すると、目の前にあらわれたのは、グレーの開襟シャツにグレーの腰ひも付きズボン、頭は丸刈り、肩には重そうなリュックサックをさげた30代後半と思しき男でした。

「まさか、脱獄……」、思わずそう言ってしまいそうないでたちです。

さらに、男は乗車するなり、「早く早く、インター、インター」と、せかしてきました。

あらためて行き先をたずねると、「松本」とたった一言。

「あの？　長野県の松本でしょうか？」

「そうだ」

驚きました。松本といえば、ここから約１５０キロの距離にあり、通常タクシーで簡単に行けるようなところではないからです。

しかし、男の勢いに押され、高速道路に乗り出した私は、遠出になることを告げるため、会社に無線を入れることにしたのです。と、そのときです。

「ダメダメダメ！　無線は切って！　警察怖い」

男が突如怒鳴りつけてきたのです。

一気に恐怖がわきおこってきました。そこで、私は、途中のサービスエリアでトイレに立ち寄った際、男に内緒で携帯電話から会社に電話を入れることにしたのです。

「おい！　どこへ電話だ！」

何と、私の脇に、どこからあらわれたのか、男が立っていたのです！

「じ、自宅です」

咄嗟にそう答えると、背中にはドッと冷や汗が噴き出してくるのがわかりました。ヤバイぞ！　身の危険を感じながらも、しかし、もう乗りかかった船でした。

「まさか殺されることはないだろう、こうなったら徹底的につき合ってやれ！」と、逆に私は開き直ったのでした。

一路、松本を目指してひた走ると、松本市内に入る直前で、「実は運転手さん、オレ、お金持っていないんだけど、高校時代の恩師が来てくれるから大丈夫、安心してくれ」と、男が言ってきました。

「やっぱりか」と思う半面、「ここまで来て手ぶらで帰れるか」という思いが、私を奮い立たせ、強気にさせました。

その後間もなく、指示を受けた松本市内での待ち合わせ場所に到着したものの、一向にその恩師はあらわれません。

「どういうことでしょうか！」

私は強気で問いただしました。すると、男は、長野市にお姉さんがいるからと言って、あわてて電話をかけはじめました。

電話は無事つながり、男が事情を説明すると、お姉さんから「長野まで来てください」との返答がありました。

もうとことん行ってやろうと、お姉さんの嫁ぎ先だという長野市まで車を走らせました。お姉さんは、深夜にもかかわらず玄関の前に立って、弟を乗せたタクシーの到着をずっと待っていてくれました。もちろん、タクシー代金はかなりの高額になっていました。しかし、2人からのお礼の言葉とともに、全額をその場で受け取ることができたのでした。

ホッとして帰途につく道すがら、しかし、冷静になるにつれて、「いったい何なんだろう？」と、まったく意味のわからない出来事だったことに、混乱するばかり。

翌日、お姉さんから会社に「昨日は弟がご迷惑をおかけしました」と電話があったものの、結局、事情は一切わからずじまいでした。

現在68歳。社内最高齢の私ですが、長くタクシードライバーをしていると、いろんなことを経験するものですね。

それ、ドラゴンズ?

チップは本来ご法度なのがこの業界ですが、無下に断ることで、お客さまの気分を害することもあるので、弊社では臨機応変に対応しています。

ただし、一般的には知られてはいないと思いますが、チップは現金とはかぎりません。

弊社には、「現物チップ」といって、実にさまざまなものが差し入れられます。

とくに多いのが季節の野菜で、地元のおじいちゃん、おばあちゃんが、自ら栽培した野菜をたくさん持ってきてくれるのです。

ジャガイモ、とうもろこし、なす、たまねぎ……、野菜収穫の時期は種類により同じなので、複数のお客さまからのものが重なって、社員食堂のテーブルの上に採りたて野菜が山盛りに積み上げられることもあります。

「〇〇様からいただきました。ご自由にどうぞ」

と、紙が貼られると、主婦パート従業員からの「ありがたい！」「うれしい！」という歓声とともに、それらはあっという間に品切れとなってしまいます。

このように野菜は大評判なのですが、なかには少し困ってしまうチップもあります。

たとえば、運転中のドライバーに、「ほら、熱いうちに食べて！」と、いきなり揚げたてコロッケを差し出してこられるお客さま。

コンビニに立ち寄った後に、「どうぞ！」と、ソフトクリームを買ってきてくれるお客さま。お気持ちはとってもうれしいのですが、どうにも運転に差し支えてしまいます。

他には、女性ドライバーへの下着プレゼントなどというものもあります。せっかくもらっても、ちょっと使いづらいものだったりすると、これもやはり戸惑ってしまうものです。

また、今でも思い出すと笑ってしまうのは、ドライバーの小川さんに、常連のおじいちゃんの配車依頼をしたときのことです。

車中、「兄ちゃん、野球は好きか？」とおじいちゃんに聞かれ、小川さんは正直に「ハイ、好きです」と答えたそうです。

実は、タクシー業界において、プロ野球、政治、宗教の話は〝3大ご法度話〟とされており、接客上、自分のひいきの球団をうかつに言うことはできないことになっています。

稀に、それでトラブルになることもあるのです。

ただ、嘘を言うわけにもいかないので、そのときも、「ドラゴンズファンです」と、小川さんは正直に答えたそうです。

「よし、気に入った！　家にタオルがあるから、持って帰れ！」

おじいちゃんも大のドラゴンズファンだったのでしょう。

自宅に到着すると、車内で待っているように言われた小川さんは、恐縮しつつも、とてもワクワクしながらおじいちゃんがタオルを持って出てくるのを待っていたそうです。

しばらくして、手に何枚かのタオルを持って、おじいちゃんが玄関から出てきました。

「この中から好きなものを1枚選べ」

見るとそれは、〝5枚200円〟と値札のついた、どこの量販店にもありそうなタオルだったのです。

当然の如くドラゴンズのタオルを期待していた小川さん。

「いやホント、自分のあつかましさに恥ずかしくなってしまいました……」

無線室の私のところにやってきて、そう言いながら、いただき物のタオルで（冷？）汗を拭いていた小川さんでした。

物騒なものはしまってください

夜も深まってきたころ、私は、とあるお宅へ迎えの車を走らせていました。

待っていたのは、目を吊り上げ、まさに鬼の形相をした女性でした。さらによく見ると、何とその手には包丁を握りしめているではありませんか！

乗り込むなり、女性はあるスナックの名前をヒステリックに叫びました。

実は私は、タクシードライバーになる前まで、ずっと飲食店を経営していました。さまざまなお客さまと接してきた経験上か、このとき、意外と冷静でいられたのです。

まずは、タイミングをみはからってお客さまに語りかけてみることにしました。

「今、尋常じゃないですよね、その手に持っている物。どうですか、とにかくそれをしまっていただけませんか？」

しかし、お客さまはかなり興奮していました。

「もう、許せん、殺してやる！」

罵詈雑言を吐き、いっこうにおさまる気配がありません。

おそらく、「ご主人の浮気話か何かだな……」と、大体の察しがつきました。これも、長年の勘です。

このままスナックに送り届けてしまったら、これは大変なことになってしまいます。夫婦喧嘩は犬も食わないと言いますが、やはり包丁はいけません。私は、できるだけゆっくり車を走らせ、彼女を説得することにしました。

「何があったか知りませんが、とりあえずそんな物騒なものはおさめてください。このままでは、私もお客さまをお送りすることはできませんよ。おさめていただけたら、責任もってお送りしますから。さ、とりあえず、それ、私にください」

そう言いながら、左手を彼女の方へ差し出しました。すると、すこしは落ち着いてきたのか、女性は、窓の外を見ながらジッとしていました。

またすこし間を取ってから、今度は一旦、車を停めました。

「さ、それ、私にください」

するとどうでしょう。今度は素直に、スッと包丁を差し出してきたのです。

受け取った包丁を自分の足元に慎重に置くと、私は再び車を走らせました。

目的の店に着いたころには、女性は随分冷静になっていました。

しかし、店内が大騒ぎになってはいけないと思い、万が一のことを考え、私は、彼女の後についてそのスナックに入ることにしました。

ご主人と思われる男性の隣に無言で腰をかけた彼女。私は、安堵しました。そして、あまりにも悠然としたその態度に、ある意味、感心してしまいました。

「ご苦労さま」

お店のママさんが、耳もとでソッと声をかけてくれました。

私は、ママさんに目配せをして、店の奥の方へうながしました。

「お客さまのお荷物です。もう大丈夫だとは思いますが、あとはよろしくお願いします」

そう言って、さきほどの包丁をそっとママさんに手渡しました。

これにはママさんも仰天し、しばらく膠着状態になっていました。

帰り際、ママさんに挨拶をしたあとで、あらためて言いました。

「大丈夫ですよ、取っ組み合いぐらいははじまるかもしれませんがね」

ようやくママさんも安心したのか、ニコリと笑顔を見せました。

御社に決めた理由

私は、長年タクシーを利用していますが、「タクシーに乗るならこの会社」と決めている会社があります。

実はこのタクシー会社を利用する以前に、それまでずっと利用していた別のタクシー会社もあったのですが、ある雨の日に見た光景に心が動かされたのです。

それは、ひとりの運転手さんの「傘を差す姿」でした。

冷たい雨の中、足元がずぶ濡れになりながらも、その運転手さんは傘をさしたまま、直立不動でお客さんを待っていたのです。

サービス業とはいえ、なかなかできないことです。

お客さんがあらわれると、今度は、自分の足元はびしょびしょになりながらも、お客さんに雨がかからないよう丁寧に接していました。

会社から一歩出れば目が届かないタクシーなのに、目の届かないところでも、地道に愚直に丁寧に接してくださる運転手さんがいるこのタクシー会社を、私は一遍に大好きになってしまいました。

社名を確認するや、その足ですぐ私はこのタクシー会社にチケット契約を申し込みに行きました。

迷惑をかけたのはコチラです

先日、「H」という名前のスナックへお客さまをお迎えに行ったときのことです。何を勘違いしたのか、私は隣のパプ「M」に入って声がけをしてしまいました。

「あら？　うちでは頼んでいないわよ」

「M」のママさんの言葉で、はじめて自分の間違いに気づきました。

「申し訳ございません」

丁重にお詫びをし、あらためてスナック「H」に向かいました。

「H」のママさんに声がけをして、外でお客さまをお待ちしていたところ、さっきの「M」のママさんがお店から出てきました。

「さっきはごめんなさいね、今度また呼ぶからね。おたくに嫌われて来てもらえなくなっちゃったら、ウチ、本当に困るの。またよろしくね」

そう言って、何と、心付けを差し出してきたのです。

びっくりしました。逆にこちらが迷惑をかけしまったのですから。

ママさんの気持ちはとてもありがたかったのですが、丁重にお断り申し上げました。

しかし、これはいったいどういうことなのか？　私は考えました。

ママさんのお人柄もさることながら、「おそらく、みなさんが弊社のタクシーを心から支援してくださっているからではないか」という結論に至ったのです。

もちろん、社のみんなで築いてきた信頼があってのご支援です。お金では買うことのできないこの大切な宝物を大事にしようと思わされた出来事でした。

心づかいは人のためならず

私は小さなスナックを経営しています。これまで、いろいろな運転手さんと接してきましたが、同じサービス業に従事する者として、どうしても忘れられない運転手さんがいます。

私のお店は外にトイレがあるのですが、ある夜、カラオケを楽しんでいたお客さまがトイレに立った際、1台のタクシーが店の外に止まっているのを見かけ、

「何やってんだ？　店の中に入らないのか？」

そう運転手さんに声をかけたそうです。

「今、お客さまが歌っておられますので、邪魔にならないよう終わるまでお待ちしているところです」

店内からお客さんがカラオケを歌っている声が漏れてきていたため、この運転手さんは、

店のドアの外で声がけをするタイミングを計って、店内の様子をうかがっていたのです。

トイレから戻って来られたお客さまは、「気の利く運転手だな」と、感心しながら私に話してくれました。

私はすぐに外に出ました。

「運転手さん、ありがとうね」

お礼を言うと、もうすこしだけ待っていただくようお願いして戻りました。

すこしして、お客さまがようやく1曲最後まで歌い終えると、ドアが開きました。

すると、ここで思わぬ歓声があがりました。

「さすが○○タクシー！」

「やっぱり違うなあ！」

店内にいたお客さまたちでした。

運転手さんは謙遜しながらも、その実、とてもうれしそうでした。けっして営業スマイルではない、とても良い表情でした。

たった数分の待ち時間です。しかし、そうしたほんのすこしの心づかいが、お客さまもサービスする側をも幸せにしてくれるのだなと、私はあらためて教えられました。

お酒はほどほどに

夜、タクシーを走らせていると、さまざまな方にお会いします。

それは、ある寒い冬の夜でした……。

ある飲食店にお迎えにあがり、外に出て後部座席のドアの前でお客さまをお待ちしていると、ほどなく、お店から一組のカップルが出てきました。

当然、このカップルのお客さまがご乗車されるのだろうと思い、「ご利用ありがとうございます。どうぞ」と言って、ドアを開けました。

その瞬間、カップルの女性のほうが、「この娘をお願いします」と言って、体を横にずらしたのです。すると、カップルの間からもうひとりの女性が姿をあらわしました。

そして、次の瞬間、その女性は、勢いよく、ドスンッ！と、タクシー後部座席に頭から倒れ込んできたのです。

「だ、大丈夫ですか！」

驚いた私は、咄嗟にそうお声をかけたのですが、彼女は微動だにしません。心配になり、先ほどのカップルの方を振り返ってみると、あらら、カップルの姿はもうそこにはありません。

行き先も告げられないままで、ホトホト困ってしまいました。

それでも、根気よく何度も何度も声をかけているうちに、何とか目的地を聞き出すことができました。

静かに車を発進させると、それからは、できるだけ車体が揺れないよう、慎重に慎重に運転をしました。

やがて目的地に到着すると、不思議とそのお客さまは人が変わったようにシャキッとしていました。お勘定もきちんと済まされ、「ありがとう」の言葉を残して自力でタクシーから降りて歩き出して行ったのです。

「やれやれ、大丈夫そうだな」と、その後ろ姿を見届けていると、なんと彼女は、数歩行ったところで、またもや、ドスンッ！と、倒れてしまったのです。

この寒い中、もちろんこのまま放っておくわけにはいきません。かといって、救護のためとはいえ、安易に若い女性の体に触れるわけにもいきません。しばし呆然……。

しかし、お客さまの自宅は、目の前のアパートに違いありません。

もうこうなったら担ぐしかない！

「失礼ですが、お部屋までお連れします。何号室ですか？」

意を決し、私はそう声をかけてみました。

部屋の番号を聞き出すと、今度は、ご近所に見られてはいろいろと不都合もあるだろうと考え、彼女を肩に担ぐなり猛ダッシュで階段を駆けあがり、手に持っていたカギでドアを開け、無事、部屋の中へ送り届けたのでした。

彼女はどうやら独り暮らしのようで、私はホッと胸をなでおろしました。というのも、同居人がいれば、それなりの言い訳もしなければならないと考えていたからです。

「これからは、お酒に気をつけてくださいね」

最後に一言だけ言いたいところでしたが、それは、彼女自身が一番わかっていることだろうと思い、グッと飲み込みました。

以来、二度とこのお客さまにお目にかかっていないということは、きっと、私のこの思いがしっかりとお客さまに伝わったからでしょう。いえ、そうであってもらわなくては！

宝物のレシピ

昨年結婚し、現在妊娠7カ月の私。

お腹の子どもも元気に育ってくれているようで、この子と出会える日が待ち遠しくてなりません。主人ともども、とても楽しみにしています。

双方の両親、親戚、友人たちも、同じように楽しみにしてくれていて、いつも「楽しみだね！」とか、「大丈夫？」などと声をかけてもらい、本当に幸せな毎日を過ごしています。

ただ、すこし前まで、私にはひとつだけ、ある気がかりな問題がありました。結婚して以来、毎日そのことで頭を悩ませ続けていました。

これは、そんなある日、定期健診でいつもの産婦人科へ出かけたときのことです。

この日は、満員電車を避けタクシーを利用したのですが、行き先を告げる際、私は、お腹の子どものことを気づかって、自分が妊婦であることをそれとなく伝えました。

「そうでしたか。それは、おめでとうございます！　じゃ、今は幸せいっぱいですね」

「荒い運転をされては困る」と、すこしでも警戒してしまった自分がちょっと恥ずかしくなるほど、とても人当たりの良い運転手さんでした。

安心したせいもあったのでしょう。

「でもね、運転手さん。私、結婚して以来、ずっと悩んでいることがあるの」

つい、私はそう口に出してしまったのです。

運転手さんにこんなことを話しても、どうにかなるわけではないと思ったのですが、聞いてもらえるだけでもありがたいと思って、さらに続けました。

「実は私、とっても献立に困っているの。レパートリーが少なくて……」

「ああ、なんと幸せなお悩み！　微笑ましいかぎり！　お客さま、そんなもの、ぜひ私にお任せください。実は、私、こう見えても、調理師学校を優秀な成績で卒業した元調理人なんですよ！」

……予期せぬ答えでした。

そして早速、簡単に調理できるメニューを二、三、口頭で教えていただいたのです。それは、私にも簡単にできそうなものばかりでした。驚きました。言ってみるものですね。

しかし、驚きはこればかりではなかったのです。

先日、実家に行こうとしてタクシーを呼んだところ、数カ月前にこの簡単レシピを教えてくださったあの運転手さんが来てくれたのです。指名したわけではないので、たまたま偶然です。

「運転手さん！　先日はどうもありがとうございました。とっても助かりました！」

もしかしたら、むこうは覚えてくれていないかもしれないと思ったのですが、私はうれしさのあまり、そう言っていました。

すると運転手さんは、ニッコリ笑って、

「お客さま、これ。ちょっと汚いのですが、お役に立てばと思い、つくってみました」

上着のポケットから、おりたたんだ紙を私に差し出してきたのです。

開いてみるとそこには、「簡単でおいしいですよ！」の文字とともに、レシピがたくさん書かれてあったのです。

さらによくみると、そのレシピは、端っこのほうがちょっとボロボロになっていました。

「もしかして、いつ会えるかもわからない私のために、ずっと持っていらしたのですか！」

驚きながらそうたずねると、運転手さんはチラリとこちらをふり返ってニッコリ笑いました。

本当に感激しました。この「宝物のレシピ」を手に、実家に到着するまでずっと、ウルウル状態になりながらタクシーに乗っていた私です。

夜中、無人駅にひとり

ついつい寝過ごしてしまい、無人駅で「真っ暗な山を見つめながら、途方に暮れてしまった」という話を父から数回聞いたことがありました。

私の住む街から電車で30分ほどのその駅は、このあたりでは本当に珍しい無人駅でした。

「あははは！　お父さんバカじゃないの！」

なんて、笑っていた私ですが、「カエルの子はカエル」でした……。

ある日の放課後、友だちと一緒に県庁所在地の街までコンサートに出かけたのですが、帰りの電車で、友だちが降りたあと、話す人もいなくなって、ついウトウトしてしまい、気づくとこの無人駅に到着していたのです。

時刻表を見ると、もう折り返しの電車は来ない時間でした。しかも、この日にかぎって父も母も急用で100キロくらい離れた親類の家に行っていたのです。

携帯で両親に連絡をすると、ちょうど家路に向かう車のなかで、あと2時間くらいかかると言われました。

しかたなく私は、かつて途方にくれた父のように、この無人駅でジッと迎えがくるのを待つことにしたのでした。

コンサートのパンフレットを読んだり、友だちにメールをしたり、なぜか学校の教科書を広げてみたり……、いろいろしていたのですが、コンビニも何もない、周囲は山と川だけという状況はあまりにも過酷でした。

時間はすでに夜の11時過ぎ。こんな時間の山奥の駅に女子高生ひとり……。

そう思ったとたん、数時間前の楽しかったコンサートのことなど、一遍にふっとんでいってしまいました。

変な人がやって来たらどうしよう！　幽霊が出たらどうしよう！

もう、いてもたってもいられなくなり、再び両親に電話しようとカバンの中の携帯に手をのばしました。と、そのときです。

タクシーが1台、駅舎の前にスーッとあらわれたのです。

「あぁ、よかった！」思わずそう口に出していました。タクシーの灯りはとても心強く、安心させられました。

次の瞬間、「(両親に) タクシーで帰ることを告げよう、「あ、タクシーに乗って帰るだけのお金はあったかな?」「でも (今はお金がなくても)、家についてからでも払えるか」など、いろいろなことが頭の中をよぎっていました。

すると、そんな私の様子を察してか、タクシーの運転手さんのほうから声をかけてきてくれたのです。

「よかったら、タクシーに乗られますか?」

本当にうれしかったです。

運転手さんは、次の電車でこの駅に降りる予定のお客さんを迎えにきたということでした。

「お客さまをおひとりお送りしてくるから待っててね。このアメちゃんがとける前までにはかならず戻って来るから。ただし、噛んじゃダメだよ」

そう言って、私にキャンディを2個くれたのです。

私はそのキャンディをなめながら、両親に電話をしました。

「あ、あのね、やっぱりタクシーで帰るから。大丈夫だから心配しないで。運転気をつけて帰ってきてね」

それから数分後、予想外に早く運転手さんがあらわれました。

「あれ！　おじさん、早かったねー。まだ、1個目も溶けていないよ！」

思わず笑ってしまいました。

降り際、残りの1個のキャンディを返そうとしたら、

「もう乗り過ごさないように、お守りとして持っていなさい」

笑いながら運転手さんが言いました。

「うん、ありがとう。でも、おじさんに会いたくなったら、また乗り過ごすと会えるね」

思わず、そう言ってしまいました。

あのときのご恩を忘れないように、そしてもちろん、うっかり乗り過ごさないように、
私は今でもあの運転手さんにもらったキャンディを大切に持っています。

2年ごしのありがとう

私たち夫婦は、病院や買い物へ行く際、ほとんどタクシーを利用しています。

家の近くには、電車やバスも走っているのですが、主人がここ数年来腰痛を患っていて、また、私がひとりで利用するにしても、若い人たちと違って、行動が機敏ではないため、どうしてもタクシーに頼ってしまうのです。

夫婦でタクシーに乗るときには、いつも私が、腰の悪い主人を介助して乗っています。最近では、私と一緒になって主人の手をひいて介助してくださる優しい運転手さんもいて、本当に助かっています。

ただ、私の自宅は、道路から玄関までが急な上り坂になっており、タクシーを降りたあとがまたキツイのです。

そんな私たち夫婦ですが、先日、とても素晴らしい運転手さんに出会いました。

一緒に主人がタクシーから降りるのをお手伝いしてくださったその運転手さんに、お礼をのべ、自宅へ向かおうとしたところ、

「よろしかったら、どうぞ」

主人をおんぶしようとして、身をかがめ、そう言ってくださったのです。

タクシーの運転手さんにそのようなことまで……、と思ったのですが、「どうぞどうぞ」というお言葉に甘えて、おんぶしてもらうことにしました。

いつもは私が手をとって、「大変だねぇ」と言いながら、2人でゆっくりゆっくりのぼっていく坂道が、このときはあっと言う間でした。

本当にありがたかったです。

あとで、お礼の電話でも、と思ったのですが、肝心の名前をお聞きするのを忘れていました。

そして、あれから2年たった先日のことです。

偶然にも私は、あのときの運転手さんのタクシーに乗りあわせたのです。

お客さん商売ですから、もうこちらのことは忘れているかもしれないとは思ったのですが、それでもどうしてもお礼が言いたくて、

「あなた、以前、主人をおぶってくれた運転手さんですよね。あのときは本当にありがとう」

そうお声をかけてしまいました。

「覚えていてくださったなんて！　こちらこそ、本当にありがとうございます」

運転手さんはとてもびっくりしていました。

またお会いできて、本当にうれしかったです。

今度はちゃんと名前を覚えましたので、ときおり、ご迷惑がかからない程度に、指名して乗せていただいております。

運転手さんの名刺はおまもり

土曜日のある夜、私は、町役場前のバス停でずっとバスが来るのを待っていました。いつもなら、もうとっくにやってくるはずなのですが、その日は待てど暮らせど一向にやってきません。

時刻はすでに夜の10時をまわっていました。

ここから自宅までは、バスでも20分くらいかかる距離です。若い方ならウォーキングもよいのでしょうが、荷物も多く、70過ぎの私が歩いていくのは到底無理なことでした。

バス到着時間の10分前から立っているのですから、乗り遅れではないと思ったのですが、もしかしたら、バスが目の前を通っていったのを見逃してしまったのかもしれません。運転手さんも私に気づかなかったのかも……などと、だんだん私は不安になっていきました。

そんなとき、1台のタクシーが、私のほうへスーッと近づいてきました。そして、運転手さんが、降りてきてくれたのです。

「さっきから、かれこれ30分くらいバスを待っているんですけど、来ないの。もう行ってしまったのでしょうか？」

藁にもすがる思いでそうたずねると、運転手さんは、バス時刻を調べてくださいました。そして、

「残念ながら、今日は休日ダイヤだから、もう行ってしまいましたね。ほら、時刻表のこここ、休日のところを見なければいけません」

時刻の案内板を指でなぞり、年寄りの私にもわかりやすく教えてくださいました。

運転手さんに教えていただくまで、私は「休日ダイヤ」というものがあることを知りませんでした。

そのようなものがあったとは……、どうりでバスは来ないはずです。しかし、ほとほと困ってしまいました。

すると、運転手さんは、とても遠慮がちに、

「さて、どうしましょう。ご自宅までお帰りですか？　よろしかったら、タクシーにお乗りになりますか？　ただ、お金がかかってしまいます。何だか、押し売りのようで失礼な

のですが……」

そうお声がけくださいました。

もちろん私は乗せてもらうことにしました。

こんな年寄りに親切にしてくださって、本当にありがたかったです。

息子夫婦は遠く離れて暮らしているし、迎えを頼める人は誰もいません。このまま夜のバス停でずっと待ち続けていたのなら、いったい私はどうなってしまっていたことでしょう。運転手さん、本当にありがとうございました。

「これを機会に、どうぞ、ごひいきに、よろしくお願いします！」

タクシーから降りるとき、そう言って運転手さんは、名刺をくださいました。

おまもりをいただいたようで、とてもうれしかったです。自宅に戻ってから、私は電話帳に早速運転手さんの名前と番号を書き込みました。

そして今は、いつ何があっても大丈夫なように、お財布にしっかりと名刺を入れて持ち歩いています。

奇跡の親孝行

15年前、結婚を機に私は名古屋にやって来ました。それまで田舎では見かけたことも聞いたこともなかった女性タクシードライバーさんを街かどで見かけ、その姿に惚れこみ、「いつかは私も女性タクシードライバーになりたい！」と、思いました。

家事と育児の合間に二種自動車運転免許試験の勉強をして、それから数年後、本当に自分も、女性ドライバーになることができたのです。

以前、「幼馴染が名古屋にいる」という話を実家の母に聞いたことがあったので、もしかしたら、いつかはその人をお乗せすることがあるかもしれないと思ったりもしたのですが、名古屋は何しろ大都会です。情報も乏しいうえに、ずいぶん古い話です。同じ街に住んでいても、その人と会えるなんて、実際にはあり得ないことでしょう。

そんなある日、乗車していたお客さまとたまたま世間話をしていたところ、会話の内容から、「ひょっとしたら、この方が母の幼馴染では？」と思われる女性があらわれました。

あくまでもタクシードライバーとお客さまの関係ですから、プライベートなことをあれこれ聞き出すことはご法度というものです。

しかし、意を決し、私はたずねました。

「いいえ、私じゃないと思うわよ」

残念ながら、そう即座に否定されてしまいました。

その場はそれ以上お話することを控えたのですが、やはりどうしても母の幼馴染である気がしてなりませんでした。

この方は、弊社をひいきにしてくださっていて、間もなく、またこのお客さまをお乗せする機会に恵まれました。

お話をしていると、やはりどうしても、母の話していたことと一致することが多く、このときもまた、私はたずねてしまいました。

しかし、何しろ数十年も前の話です。お客さまにとっては、なかなか記憶に結びつかないこともあるでしょう。結果はやはり前回と同じものでした。

タクシードライバーとして、人より多くのお客さまと接するといっても、考えてみれば、そんな都合のいい偶然がそうそうあるはずはありません。

やはり私の勘違いです。あきらめて別の話題をしました。

ところが、再びそのお客さまを乗せて走っていたある日、私の母の旧姓は、漢字で書くととても珍しいのですが、そのことを話題にしていたところ、

「あっ、わかった！　わかった！　カズコちゃんだ！」

突然、お客さまが言いました。ついに幼少時の記憶を思い出されたのです！

「わー！　やっぱりそうだったんですね！」

私も大感激でした。

「なつかしい！　お元気にしてた？　ぜひ会いたいわ！」

降車の際、私は実家の母親の連絡先をメモして渡しました。それからすこしして、本当にこのお客さまと私の母は、数十年の歳月をへて、めでたく再会を果たしたのです！

「タクシードライバーをしていたおかげで思わぬ親孝行ができたな」と、あらためてタクシードライバーとなったことに感謝しました。

それにしても、自分が呼び寄せたのか、母が呼び寄せたのか……、いずれにしても人と人とのご縁というのは不思議なものですね。

子育て・しつけタクシー

小学生を放課後に預かる「学童保育」は、今では全国的に広まりつつありますが、私が現在勤めているタクシー会社に入社した当時、まだその地域の一部の小学校では、そうした制度がありませんでした。

そんなある日、学童保育の制度がない小学校からすでに実施している小学校へタクシーで子どもさんたちを送迎して欲しいという依頼が、学童保育を運営するＮＰＯ団体から入ったのです。

人さまの大切な子どもの命を預かることは、ドライバーにとってとても責任の重い仕事に違いありません。

くわえて、誰もが、親からのクレームや、言うことを聞かない子どもに対する姿勢などに戸惑いを感じていて、まさに暗中模索、不安を抱えたままでのサービス開始でした。

サービス開始の日から数日たったある日、私はこうした実情をふまえ、思いきって社長のもとをおとずれる決心をしました。

大切なお子さんたちを、お客さまとして丁重に扱うことはもちろん大切なことですが、それで遠慮をして子どもたちのやりたい放題になっては逆によくないことです。

「社長、子どもたちをしつけていいですか？　許可をください」

子どもたちに接する以上、きちんと育てるという意識を持つべきだと、私は、実際に子どもを持つひとりの母親として、また、地域の人間として、そう思ったのです。

社長は驚いていました。

しかし、私の話に真剣に耳をかたむけてくださり、「なるほど」とすぐに納得、また、大いに共感してくださったのです。

そして、ただちに社長は、「みなさんが思うとおりに、しつけなさい」と、全ドライバーに通達を出したのでした。

それから数日後、学童保育を運営するＮＰＯ団体の総会がありました。このとき、来賓として招かれていた社長は、席上でこう宣言したそうです。

「弊社のドライバーがみなさんのお子さまをしつけさせていただきます。遠慮はしません。

良いことと悪いことを、きちんと教えます。時には、厳しく叱ります。なぜなら、〝みんなで育てる〟という意識がとても重要だからです。もし、それがいけないとおっしゃる親ごさんがおられましたら、弊社はこのお仕事をきっぱりお断り申し上げます」

もともと、タクシー会社に子どもを任せることに対して不安視する声があり、もしかしたら一部からクレームがあるかもしれないなと、覚悟しての発言でした。

ところがどうでしょう。

社長が話し終えたとたん、場内が割れんばかりの大拍手が起こり、出席していた各小学校の校長先生たちもみんな賞賛してくださったそうです。

以来、子どもたちと私たちドライバーとの関係は、日々の送迎を通し、「もうひとりの母」「もうひとりの父」といった、とても深いものになっていきました。

そしてここから、何十人という子どもたちが卒業していったのです。

私が最初に送迎サービスにあたったある女の子は、今ではもう立派な高校生です。最初の出会いからもう何年もたっているにもかかわらず、現在でもまだ彼女と交流があります。

家庭の事情で片親だった彼女のことが、当初、私はとても心配でした。そのため、実の子のように思いながらずっと接し続けてきたのです。

私には、大学生になる息子がいますが、そんな彼女と接するたびに、まるで娘がいるように感じられ、とてもうれしく思っています。

おばあちゃんと運転手の救出劇

「先ほどはどうもありがとう」

電話に出ると、おばあちゃんの声がしました。どうやら、タクシーのご予約ではなさそうでした。

「あ、はい、こちらこそ、いつもお世話になっております。ありがとうございます」

事情はわからなかったのですが、とにかく私はそう挨拶をしました。

すると、おばあちゃんは、先ほど何があったかを話しはじめたのです。

買い物に行こうとして歩いていたおばあちゃん。ふと、道路脇に目をやると、横倒しになった自転車が1台。最初は自転車だけだと思っていたら、なんと、その脇の側溝に、自分と同じ年くらいの女性が転げ落ちていたそうです。

びっくりしたおばあちゃんは、急いで声をかけると、側溝から引っぱりあげようとしました。もう、無我夢中だったそうです。

そんなとき、「どうされたのですか」と、制服姿のひとりの若い男性が駆けつけてくれたのだそうです。それが、弊社ドライバーの山本だったのです。

山本は、転倒している彼女を渾身の力で引っぱりあげ、無事、側溝から救出しました。しかし、引きあげられた彼女を見ると、口から出血し、額にもところどころ血がにじんでいたといいます。

2人がよくよく話を聞くと、自転車を運転していたところ、自分の横をものすごい勢いで車が通り過ぎ、その風圧がまたすごかったらしく、弾き飛ばされるように側溝に落ちてしまったということでした。

その車はそのまま走り去っていったそうです。

本当にひどいドイバーがいるものだと、山本もおばあちゃんも怒り心頭になりました。

おそらくこの場合、警察に届け出ても、車と接触している痕跡もなく、また、相手の車種もナンバーも覚えていなかったようですから、見つけることはまず無理でしょう。泣き寝入りは悔しいですが、あきらめるより仕方がないケースです。

とにかく、それより何より、この方のケガのほうが心配だというので、山本が、救急車の手配をしようとしたようです。しかし、「大丈夫ですから」と、彼女はこれを拒んだというのです。

山本は、いくら本人がそう言っているにしても、やはりこのままにしておくわけにもいかないと思ったのでしょう。

「お金は要りませんから、お宅までお送りしますよ。私のタクシーに乗ってください」

そう、言ったそうです。

「主人に叱られますから……、大丈夫です」

しかし、それさえもこの女性は断ったのです。

これにはたまらず、「運転手さんの言うように、そうしてもらいなさい、ね」と、このおばあちゃんも、何度も何度もすすめたそうですが、やはりそれでもダメだったそうです。

「本当に大丈夫ですから。ありがとうございます」と言って、出血したままの姿で、この女性は自転車を引いて歩いて行ったといいます。

とても心配な後ろ姿でしたが、きっと、いろいろと事情もあるのだろうと、山本もおばあちゃんも、その場を後にすることにしたのだそうです。

おばあちゃんは、私にことの顛末を述べると、

「ありがとう。私ひとりではどうすることもできなかったわ。本当にいい運転手さんだったので、くれぐれもお礼を言っておいてください」

再びお礼の言葉を述べられました。

考えてみれば、近くをたまたま通りかかり人助けをしていたおばあちゃんから、お礼の電話が入るというのも、何だか不思議な話です。

しかし、きっとこのおばあちゃんも、弊社の山本同様、優しくて人柄の良い方なのでしょう。

会社に戻ってきた山本に、早速私がこの電話のことを伝えると、驚きながらもとてもうれしそうでした。

心優しい彼のことなので、おそらく、「こうやって、町中が思いやりと〝ありがとう〟であふれたら、素晴らしいことだな」と、感じていたのかもしれません。

天国への旅立ち

普段とはまるで違う、緊迫感のある配車無線が届きました。

聞くと、電話をかけてきたお客さまの言葉が突然途切れ、その後、応答しなくなったというのです。

オペレーターから告げられたそのお客さまの名前に、私は覚えがありました。介護タクシーを利用されている常連のおばあちゃんです。

急いでおばあちゃんの家に向かいました。

到着し、ダッシュで玄関に駆けつけた私は、いつものようにお声がけをしながらドアを開けてみました。

しかし、いつもの、「はーい、いつもありがとう」という声がありません。

嫌な予感がしました……。

いつもなら、「ありがとう」の声を合図に、介助のためご自宅にあがらせていただくのですが、事態が事態です。私はそのまま廊下を進んでいきました。

すると、目の前に驚くべき光景が！　電話機の前で、おばあちゃんが倒れていたのです。とても呼吸が速い状態でした。

「これはまずい」、私は、直感的にそう感じました。

そこで、すぐさま救急車の手配を行なったのです。

この間、おばあちゃんをベッドまで運ぼうとした私は、以前、「骨も弱い」と言っていたことを思い出し、慎重に慎重に抱きかかえました。

おばあちゃんはリハビリをがんばったおかげで、以前はまったく歩けなかったのに、最近は少し歩けるようになっていました。

そんな、元気だった頃のおばあちゃんの姿が、あとからあとから浮かんできました。

「頼む、助かってくれ！」

ベッドに寝かせ、脈を取りながら、「大丈夫だよ、大丈夫だよ」と、私はおばあちゃんに声をかけ続けました。

しかし、救急車が到着するまで、何とももどかしい時間だけが過ぎていきます。

それでも私には、声をかけながら祈ることしかできません。

「大丈夫、大丈夫、大丈夫」

そう声に出しながらも、心の中では「頼む、助かってくれ！」と必死で叫び続けていました。

やがて救急隊が駆けつけ、私が状況を説明するかたわら、救急処置がはじまりました。

それからあっという間におばあちゃんは救急車に乗せられて、病院に搬送されて行きました。

救急車を見送りながら、必死で祈り続けました。それが、そのときの私にできた精一杯のことでした。

その後、私がおばあちゃんの顔を見ることも、おばあちゃんが私のタクシーに乗ることも、もう二度とありませんでした。

残念なことに、救急車で運ばれた数日後、おばあちゃんは亡くなってしまったのです。

「あんなにリハビリをがんばって、歩けるようになったのに……」

おばあちゃんの元気な姿をもう一度見たいと思う私の願いは、もう叶わぬものとなってしまいました。

タクシーの仕事をしていると、どうしてもお客さまの人生に密接にかかわってしまうことがあります。普通の仕事をしていれば、こんなふうに人の生き死ににかかわることもないでしょう。

私は、この出来事によって、色んなことを考え、そして学ばせられました。

「この学びは、おばあちゃんからのお礼なのかもしれないな」と、そう感じています。

要介護患者Kさんの消息

私は、会社が介護専用車タクシーの運行サービスを開始した当初からケアドライバーとして活躍しています。ふり返れば、かれこれもう10年近くの月日が流れました。

安心と頼りがいのあるケアドライバーを目指し、いつも明るく楽しい雰囲気づくりを心がけながら、紆余曲折を繰り返し今日までやってきたつもりです。とにかく、勤続10年と言われても、何だかあっという間だったようにも思える充実した毎日でした。

しかし、それとは裏腹に、ケアドライバーという仕事柄、悲しい思い出も少なくありません。いいえ、むしろ、要介護者でも比較的重篤なお客さまの移送を担当している私には、悲しい思い出のほうが多いと言えるでしょう。

縁起でもないと怒られてしまいそうですが、実際は、お客さまからすこし連絡が滞ると、「もしかしたら旅立たれたのかな……」と、心配して心を痛めてしまうことの連続でした。

また、お客さまが亡くなったときには、自分の家族を失ってしまったかのような、辛く寂しい思いにかられていました。

あるとき、月1回の社内カンファレンスの席上で、「そういえば最近Kさんからのご依頼がなくなりましたね」と、誰からともなく話題が出たことがありました。

このとき私は、「Kさんに悪いことが起こっていなければいいのだけど……」と、祈るような気持ちになりました。

と言うのも、Kさんは、疾病の後遺症で歩行が困難なお客さまで、疾病が再発する危険性も大きいと言われていたからです。

Kさんの介助は、自宅内のベッドから車イスへの移乗と、室内から玄関のエントランス、そして石段のスロープを移動して介護タクシーに乗降する際に必要になるのですが、ご高齢の奥さんだけではとても困難なものでした。

そんなKさんを私は、毎週1回定期検査で通院介助をしていたので、「もしかしたら、また再発してしまったのかもしれない」と、本当に気が気ではなりませんでした。

初夏のある朝、私はいつものようにお客さまを病院に移送していました。その病院は、かつてKさんが通院していた病院でした。

お客さまの介助を終えて、正面玄関から車両に戻ろうとしたそのときです。

「青木さん！」

後方から、ビックリするくらい大きな声がしました。振り返ると、そこにはKさんの奥さんが大きく手をふりながら立っていたのです。

「青木さん、青木さん！　ありがとう！　見て見て、お父さん、歩けるようになったの！ほらここまでひとりで歩いてきたのよ！」

見ると、何とそこには、ニコニコ笑いながら、しっかりと自分の足で立っているKさんの姿があったのです。

「お父さん、〝現役復帰〟するんだって！　ここまでがんばったのよ！　青木さんが車の中でずっと励ましてくれたお陰だわ！」

子どものように大はしゃぎで、奥さんが言いました。

「バンザーイ！　バンザーイ!!」

思わず私は、人目もはばからずに、両手をあげて叫んでいました。

これまでKさんから連絡が途絶えていたのは、ずっとリハビリに専念していたからだったのです。

正面玄関付近にいた周囲の人たちも事の次第を理解したのか、誰からともなく大きな拍手が湧き上がりました。

うれしくてうれしくて、奥さんも私も、そして、Kさんも涙が止まりませんでした。

「介護タクシーのドライバーをやっていて良かった。本当に本当に良かった！」

このときほど、そう感じたことはありません。そして、このような貴重な体験を与えてくれたKさんに心から感謝しました。

辛く悲しい思い出の少なくないこの仕事ですが、「これからも明るく希望を持って介護タクシーのドライバーを続けていこう」と、私は決意を新たにしました。

ずっと介助し励まし続けていたKさんに、今度は私が大きく励まされていたのです。

いってらっしゃい、お元気で……

私をよく指名され、近くの病院の送り迎えと院内介助をさせていただいた、50代前半になる男性のお客さまのお話です。

「筋委縮症」という難病におかされ、自分で日常生活を送ることができない状態にあったこの方を、私は「自分よりもずっとお若い年齢なのに……」とお気の毒に思い、私なりに、誠心誠意介助させていただいておりました。

そんなある日、ご自宅にお迎えにあがると、いつものように奥さまが先に出てこられ、こうおっしゃいました。

「今日は、新幹線の小田原の駅までお願いしてもいいですか……」

いつもはとても明るい奥さまなのに、その日は視線を落とし気味にされ、心なしか元気がありませんでした。

「どうかなされたのですか？」

不思議に思い、私は聞いてみました。

すると、奥さまは、沈痛な面持ちで口を開きました。

「実は主人の容体がかなり悪くなってしまい、もう長くはないと……主治医から……。ですから、最期は主人の生まれ故郷の大阪の街で迎えて、大阪の地で永眠させてあげたいのです……」

私は言葉を失ってしまいました。

いろいろな思いが交差するなか、とにかく私は辛い気持ちをしっかりこらえ、いつものように明るく振る舞い、ご主人の介助をさせていただいて小田原駅へと向かいました。

ご主人の状態はやはりかなり悪そうで、見るからに衰弱しているご様子でした。言葉にも障害が出ていて呂律がまわらず、とても苦しそうでした。

小田原駅に到着する間際、ご主人は何かを言おうとして必死にもがき出しました。

「十日市さん、よかったらこのままタクシーで大阪まで行っていただけませんか？」

その意を理解した奥さまが、ご主人のかわりにそうおっしゃいました。

「え？」

思わず私はそう発しました。

「主人は、これまでずっとお世話になってきた十日市さんに、お礼に故郷の大阪の街を案内したいと言っていたんですよ。今、主人はそのことを……」

このような苦しい状態であるにもかかわらず、自分の故郷である大阪の街を私に案内してあげたいからこのままタクシーで行って欲しいとは……。

うれしさと悲しさで心がいっぱいになり、返す言葉が見つかりませんでした。

やがてタクシーは小田原駅の新幹線口に到着しました。

現実的には、重病人を乗せて7～8時間かけて大阪までタクシーで移動することなど、無謀以外の何物でもありません。お気持ちに感謝しつつも、そのことを丁重に申し伝えました。

いつものように車イスへの介助をしてさしあげ、お礼を申し上げたそのときでした。

ご主人が急に、不自由なその手で私の腕をとり、顔をうずめてきたのです。

どこにそのような力が残っていたのかとびっくりするくらい、強く握って離しません。見ると、頬には、いくつもの涙がつたっていました。

私もご主人の手を強く握り返しました。

「お元気で……行ってらっしゃい」

胸にこみあげるものを必死にこらえ、そう申し上げるのが精いっぱいでした。

今度は奥さまの目から大粒の涙がボロボロとこぼれ落ちてきました。

グッとこらえていた私も我慢できず、新幹線口の降車場で人目もはばからず、3人で手を取り合って号泣していました。

別れ際に奥さまが「これをぜひ受け取って」と、封筒を差し伸べてきました。お餞別でした。

もちろん丁重にお断りしたのですが、最後はいただいて社に戻りました。

今でもそのときにいただいた餞別袋を大切に財布の中に入れてあります。あのときの思いを忘れないようにです。そして何より、これからも、

「タクシードライバーは最高の仕事です！」

そう、胸を張って、誇りを持って、大きな声で叫べるようにです。

天使の笑顔

深夜、ある団地から配車を受けたときのことです。行ってみるとそこには、小学校3、4年生くらいの女の子をおんぶしたお母さんが、団地の入り口で立って待っていました。

背中の女の子は、とても苦しそうな様子でした。

聞くと、持病である喘息の発作を起こしたというのです。

私は、女の子を抱えて車内に乗せると、急いで病院に向かいました。その間も、女の子は時おり大きく咳き込んでとても辛そうでした。

「急いで病院に行くからね、少しだけがまんしてね」

声をかけても、女の子の発作は一向におさまる気配はありません。

「病院はもうすぐだよ」

「次の角を曲がったら病院だからね。もうちょっとだよ」

何度も何度も声をかけました。

自分で運転していながら、それは、本当にもどかしい時間でした。

ようやくかかりつけの病院に到着し、急いでドアを開けると、

「ありがとうございました」

そう、幼い声がしました。

私は、思わず自分の耳を疑いました。

発作を起こし、とても苦しいはずの女の子が、笑顔でそう私にお礼を言って病院の中へ入って行ったからです。

本当に驚きました。

私は、今でもあのときの女の子の「ありがとう」という言葉と笑顔が忘れられません。

きっと、天使の笑顔とは、あのような笑顔をいうのではないかと思っています。

時おり思い出しては、タクシーの乗務員をやっていて本当に良かったと実感しています。

そして、「これからも、お客さまの立場になって、喜んでいただけるドライバーを目指そう！」と決意を新たにするのです。

笑顔が教えてくれる本当の喜び

現在、班長として他のドライバーの指導にもあたる三浦さんは、お客さまからのご指名がダントツでナンバーワンという優秀なドライバーです。

また、私は長年オペレーター室にいますが、三浦さんへのクレームの電話は、これまで一度も受けたことがありません。

三浦さんが、乗務するにあたりいつも心がけていることは何かというと、常に思いやりの心で接客し、安全安心に運転することだそうです。

とくに、小さなお子さま連れのお客さま、高齢のお客さま、障害を持たれたお客さまには、できるかぎりの配慮をして運転しているそうです。

そんな三浦さんが最近一番うれしかったことは、指名をもらったお子さま連れのお客さまからもらった笑顔の一言だそうです。

「あなたの運転が一番安心できるから頼むのよ」

今まで自分が地道に続けてきた努力や思いをこうして認めて喜んでくれる人がいることに、何だか報われた思いがしたと喜んでいました。

ところで、現在弊社では、乗車と降車の際のドアサービスを全乗務員で励行するように指示が出されています。

実は、私はだいぶ以前に、「ご指名ナンバーワンの極意」なるものを三浦さんに聞いたことがあります。

「ドアサービスかなぁ……」

即座に三浦さんはそう答えました。

よくよく聞いてみると、ドアサービスというのは、ほんの小さな心配りには違いないのですが、その実、ドアサービスをすると、どのお客さまからもとても喜んでもらえるというのです。

もっとスゴイ秘密があるものと期待していたので、私は「それだけ?」と、つい言ってしまいました。もしかしたら、隠しているのかも……とも思ったのです。

しかし、三浦さんの話を聞いて納得しました。

とくに、雨の日など傘を持って玄関までお迎えにあがり、お客さまが濡れないようにドアサービスをすると、これが思いのほか喜ばれ、感謝されるのだそうです。

また、ドアサービスによって、とくに高齢のお客さまには、ドアに足を挟んでしまったりといった事故を防ぐことも可能です。安全面からいっても必要なことだというわけです。たしかに、三浦さんの言うとおりです。

しかし、今では会社から指示が出て、どのドライバーもドアサービスを行なっています。それでもやはり三浦さんの成績はあいかわらずダントツなのです。なぜでしょう？

先日、私はこのことを三浦さんに質問しました。

「なぜか？　と言われてもよくわからないけど、ただ……」と、前置きをしたあとで、三浦さんは言いました。

「お客さまの笑顔が、自分自身の本当の喜びのありかを教えてくれるんです」

ドアサービスをはじめ、小さな心配りかもしれないけれど、そうしたことがお客さまに笑顔を生み、そしてそれが、自分自身の本当の喜びになる……。

つまり、ナンバーワンドライバーの秘密は、この本当の喜びの追求にあるのだと、私は納得したのでした。

舞い戻ってきた茶封筒

42歳、再スタートを切るにはギリギリの年齢でした。沖縄の経済環境は想像以上に厳しく、家族との話し合いの結果、私が単身で神奈川へ出稼ぎに来たばかりの頃の話です。

はじめての給料をもらった私は、早く沖縄で待つ家族へ手紙を添えて送ろうと、急いでタクシーに乗り込みました。今では珍しい現金支給。茶封筒を握り締めた私は、生まれてはじめて給料をもらったときのような喜びにつつまれていました。

「運転手さん！　実は今日ね！」

沖縄から出てくるときのドキドキした気持ち、家族を離れて仕事をする不安、今日はじめて給料をもらったこと……。

私のワクワクした気持ちが伝わったのか、運転手さんも、

「そうですかぁ！　良かったですねぇ」

と、自分のことのように喜んでくれました。

近くの文具店で降ろしてもらい、便箋と封筒を買い、アパートへ急ぎました。

「手紙には何を書こうかな、先に電話で伝えようかな……」

とにかく、家族のことを考えると自然と笑顔になりました。中年男、独り暮らしの小さな〝ちゃぶ台〟に便箋と封筒を用意して、「さぁ書くぞっ！」とペンを取ったときです。

「あれっ、ないっ！」

大切に持ってきたはずの給料が入った茶封筒がありません。ポケットの中、カバンの中、玄関、トイレ、台所……、どこを探しても見当たらないのです。さっきまでのワクワクした気持ちが一転、目の前が真っ暗になるような、めまいを感じました。

「どうしよう……沖縄では家族が待っているのに」

当面の生活費をどうやって工面しようか、親戚に頼ろうか、勤め先の社長に相談してみようか……、色々なことが頭の中をグルグル回ります。

（もしかして……！）私は、さっき乗ったタクシーのことを思い出しました。

夢中で話をしている間に、中に置いてきてしまったのかもしれない。そう考えると同時に、嫌な予感がよぎりました。

ただ現金が入っているだけの茶封筒。仮に見つけてもらったとしても、果たして戻ってくるものか……。とにかく連絡してみようと、レシートを取り出し、携帯に手をかけた、そのときです。

ピンポーン♪

ドアチャイムが鳴ったのです。内心、「誰だよ、こんなときに！」と思いながらドアを開けると、

「よかったぁ！　お客さまのお忘れ物。これ、大事なものですよね！」

ハァハァと肩で息をしながら、さっきの運転手さんが、あの茶封筒を目の前に差し出してきたのです。

本当に驚きました。驚きすぎて、肝心のお礼の言葉がなかなか出てきません。

さらに、「あれっ、なんで私の住所を知っているんだろう？」「なんでこんなに早く？」などなど、いろいろなことが脳裏を駆け巡っていました。

「良かった。やっぱりお客さまのものでしたね。ホッとしました」

と、茶封筒を置いて、立ち去ろうとする運転手さんの後ろ姿に、ハッと我に返りました。

とにかくお礼を言わなくては！　次の瞬間、裸足のままで飛び出していました。

「本当に、ありがとうございました！　何かお礼を……」

そう、言いかけた私に、

「お礼だなんてとんでもない！　当たり前のことをしただけですから」

と、笑顔で一礼し、運転手さんはタクシーに戻って行ってしまいました。

しばらく放心状態でしたが、落ち着いてからタクシー会社へお礼のお電話を入れました。

運転手さんは、私を降ろしたあと、すぐに封筒を見つけたそうです。そしてすぐ、乗った場所から私の勤務先を調べ、住所を聞いて駆けつけてくれた、とのことでした。

「何かお礼を……」

と、言いかけた私に、また同じ言葉が返ってきました。

「お礼だなんてとんでもない！　当たり前なことをしただけですから」


あれから1年、すっかり仕事にも都会の生活にも慣れました。

もしあのとき、あの運転手さんじゃなかったら……、まったく違う人生になっていたかもしれません。今でもタクシーに乗るたびに、あの日のことが思い出されます。

夢と希望がかなうタクシー

弊社では、訪問介護事業サービスと居宅介護支援事業サービスを同時に展開しています。月に約2000件以上もの依頼があり、現在、神奈川県西部にある街に在住の要介護患者さんのほとんどの移送にたずさわっています。

これは、弊社で、介護タクシーのサービスを本格的に運行しはじめた頃の話です。

ある朝、女性の声で1本の電話が入りました。

「母を海まで連れて行っていただけますか?」

最初、私は依頼の意味がよく理解できませんでした。

そこで、詳しくお話をうかがってみると、寝たきりになって長い年月がたつ高齢の母親が、突然「海が見たい」と言い出したということだったのです。

娘さんは最初、寝たきりでストレッチャーのままでないと移動ができない母親のその言葉を冗談だと思ったそうです。

しかし、何度も何度も、しかも、とても真剣に言うものだから、本気でそう言っているのだと気づいたそうです。

そこで、入院先にある病院の相談室担当者に無理を承知で相談したところ、「あそこのタクシー会社だったらお願いできるかもしれません」と、介護タクシーのサービスをはじめたばかりだった弊社のことを教えてもらったということでした。

「もちろん、喜んでお手伝いさせていただきます！」

経緯を聞き、私は受話器をギュッと握りしめ、そう答えていました。

このとき、私の脳裏に浮かんだのは、高齢患者のみなさんに定評のある山口さんの顔でした。

山口さんは、社内最高齢でありながら、介護タクシーのドライバーとして、介護タクシー運行当初より多くの患者さんたちから指名を受けてきました。今でも、「山口さんの介助はとっても安心」といった声が絶えません。迷わず私は、山口さんに配車手配をしました。

山口さんも最初は驚いていたのですが、「では、私が生まれ育った町の海を案内してあげよう」と、地元の人しか知らない特別な道をへて、車を海岸まで走らせていったのでした。

潮の香りの漂うすがすがしい風のなか、山口さんはストレッチャーを砂浜に降ろし、思い切ってストレッチャーのまま波打ち際まで向かっていったそうです。

打ち寄せる波のしぶきがかかるぐらいのところで停まると、彼女は、しばしときのたつのも忘れてじっと海を見つめ、それから急に涙をこぼし、深くため息をついたあとで、ゆっくりとこう言ったといいます。

「生きていて良かった。まさか、またこの目で故郷の海が見られるなんて……。運転手さん、本当にありがとうございます……」

この言葉に、山口さんが仰天したことは言うまでもありません。

なぜなら、ここは山口さんが生まれ育った町の海です。つまり、山口さんとこの患者さんは、偶然にも同郷だったのです！

「まぁ、そうだったんですか。……ありがとうございます。同郷の人と故郷の海が見られるなんて……何て幸せなことでしょう。本当に本当にありがとう」

この言葉に、山口さんも、同行した娘さんも、みんな、しばらくのあいだ涙が止まらなかったそうです。

その日、仕事を終えた山口さんは、真っ先に配車担当をした私のところへやってきました。

「わたしは今日の仕事を一生忘れません。この歳になってはじめて、〝ありがとう〟という言葉の重みをお客さまから教えていただきましたから！」

そう力強く話す山口さんの顔は、仕事の疲れなど微塵も感じさせない、実に良い表情でした。キラキラと輝いていました。

きっと、お客さまと過ごした故郷の海も、このように光り輝いていたのでしょう。

運転手さんとお墓参り

青森県北東部にある私の町は、電車もバスも日に数本しか通らない、とても不便なところです。

若い人だと、みんな自分で車を運転して会社へ行ったり、買い物に行ったりできるのですが、私のような高齢者は、それができないのでとても不便をしています。

家に娘や息子のいる人は、車に乗せてもらって用を足すこともできますが、それにしても、若い人たちは仕事などで忙しいため、そうそうしょっちゅうお願いするわけにもいきません。

私の場合は、家が塗料店で、車は何台かあるのですが、やはりみんな忙しくて、お願いするにもできない状態です。

それで、家の近所にタクシー会社があるということもあり、昔からほぼ毎日のようにタクシーにお世話になっているのです。

電車やバスよりも高いというのはありますが、やはり、自由にどこにでも行けるという便利さにはかえられません。

それに、いつもタクシーに乗せてもらっているうちに、運転手さんたちとも仲良くなって、今ではいろいろと親切にしてもらっています。

運転手さんにとっておばあちゃんのおもりは大変でしょうが、こちらは、いい話し相手ができたと思って、気分良く乗せてもらっています。

以前、お墓参りに出かけるため、往復でタクシーをお願いしたことがありました。

このときも、気分良く乗せてもらいながら目的地に向かっていました。とくに、このときの運転手さんは、もう、20数年来のおつき合いになる人で、気心も知れた仲です。話もいっそうはずみました。

お墓に到着すると、運転手さんは、私と一緒に墓石のあるところまでやってきて、

「おばあちゃん、お水汲んでくるね」

そう言って、水道のあるところまで行って、サッと水を汲んできてくれたのです。

本当に親切な運転手さんです。

しかも、それればかりではありません。お墓の周りの雑草がちょっと伸びていたのですが、今度は草取りまでしてくれたのです。

何だかまるで、家族や親戚と一緒にお墓参りにでも来ているような感じでした。本当にありがたく、うれしかったです。

その日、運転手さんには何度もお礼を言いましたが、それでもまだ感謝しきれない思いでいっぱいでした。

それで私は、翌日、タクシー会社に電話することにしました。

「昨日、お墓参りで往復タクシーを利用したのですが、水を汲んでもらったり、お墓の草取りまでしてもらって本当に助かりました。ありがとうございました。運転手さんにくれぐれもよろしく伝えてください」

そう伝えました。

「わぁー、ドライバーもとても喜ぶと思います。わざわざありがとうございます」

電話に出た女性の方は、とてもうれしそうに、そう言ってくれました。

やっぱり電話してよかったなと、私もとってもうれしくなりました。

「伝説の救命ドライバー」我が命を顧みず

「い、今、女の人が会社の近くの川に落ちていったー！」

ある夜、突如、そのような無線連絡が入りました。

それは、勤務終了時間間際だった、運転手の山川さんからのものでした。

「えっ、川に女性が！　事故ですか？」

尋常ではない事態を察した私は、さらに詳しい状況を聞こうとして、そう声をかけました。が、その一報を最後に、山川さんからの連絡は途絶えてしまったのです。

とにかく一大事であることに間違いはないと察した私は、素早く、近くを走行中の車に連絡をとって、現場に向かわせました。

間もなく、連絡を受けた同僚がその場に駆けつけたところ、そこには、山川さんが川から女性をひきずり、びしょ濡れになりながら、岸に上がってくる姿があったそうです。

仰天した同僚は、すぐさま119番に電話を入れて救急車の手配し、そのあとで、私たちのところに連絡を入れてきたのでした。

間もなく、搬送された女性の安否が病院への問い合わせでわかりました。水を多少飲んだ程度で、命に別状はないということでした。

無線室に集まっていた誰もが、ホッと胸をなでおろしました。

早速私は、このことを同僚運転手に連絡しました。

このとき、山川さんは警察からの事情聴取に応じていたそうです。このことを伝えると、それまでの緊張の面持ちから一変、やっと安堵の表情を見せたそうです。

その後、同僚は先に社に戻り、私たちと一緒に山川さんの帰りを待っていました。

数十分後、事情聴取を終えた山川さんが戻ってきました。

「よかったな、助かって！」

会社で待ちかまえていた先ほどの同僚が、山川さんにそう声をかけました。

すると山川さん、ポツンとこうつぶやきました。

「……オレ、泳げないのになんで川に入ったんだろう？」

唖然とする同僚。私たちもみんな、開いた口がふさがりませんでした。

それから数日後、我が社に、とてもうれしい連絡が入りました。

なんと、「人命救助」の功により、山川さんに警察署から感謝状が贈呈されるというのです！

こうして山川さんは、自らの身もかえりみずに人の命を助けた「伝説のタクシードライバー」として、今でも社内で語り継がれることになりました。

ただし、これを言うと、いつも爆笑しながらどこかへ消えてしまう、照れ屋の山川さんなのです。

肢体不自由2級の運転手

「身体に障害があるのですが仕事をしたいのです！」

そう言って、弊社の門を叩いてきた加藤さん。

加藤さんの障害は、肢体不自由２級（右上肢、上腕２分の１以上の切断）というものでした。

面接の翌日から、二種免許取得のため自動車学校に入校することになった加藤さんは、身体に障害はあっても、人一倍の根性があるのでしょう。他の人に負けない成績で、立派に自動車学校を卒業したと聞いています。

こうして、いよいよ加藤さんの乗務の日がやってきました。

「気をつけてね」

「無理をしないで」

「落ち着いて、落ち着いて」

社長も常務も私たちも、みんな、そう声をかけて加藤さんの出庫を見送りました。

実は、現在でも加藤さんは、乗車してきたお客さまから、少し不思議な目で見られたり、「大丈夫？」と不安そうな面持ちで言われることがよくあるようです。

しかし、ご指名をいただくことはあっても、クレームがこないということは、そうした違和感や不安は、実際に加藤さんの運転する車両に乗った瞬間、たちどころに消えてしまうからでしょう。

ですが、やはり、最初の何日間かは、お客さまから「大丈夫ですか？」という問い合わせの電話が、オペレーター室の私のところにもたびたび入ってきていました。

このような不安の声が寄せられたのは、障害をもちながらこの仕事に従事している人が、全国的にほとんどいないということも原因のひとつでしょう。

実は、弊社には、他にもハンディをもつ社員がいます。しかし、みんな、安全運転で任務をしっかりと遂行しています。

ですから、私たちオペレーターは、加藤さんに対しての問い合わせにも、他の同僚運転手同様に、「運転試験本部の承認を得て免許を取得していますので、どうぞご安心ください」そう自信をもって答えていました。

朝からあいにくの雨模様というある日のこと、お客さまから配車依頼が入りました。そのお客さまは、ベビーカーがあることを告げられてきました。

加藤さんの車両が空いていたのですが、私はすこしためらいました。しかし、いつもお客さまには、「どうぞご安心ください」と、自信をもって案内していたはずです。私は、その内容を告げ、加藤さん本人の声を聞くことにしました。

加藤さんはあっさりと快諾しました。

それもそのはずです。加藤さんには責任を果たせる自信があったからです。

この日、弊社にはうれしい電話が入りました。

「おかげさまで雨にも当たらず、とっても助かりました。不自由なお身体にもかかわらず、ベビーカーもたたんでくださり、トランクへの出し入れまでしていただきました」

今朝、私が躊躇しながらも加藤さんに配車依頼をした、あのお客さまからのものでした。

加藤さんはもちろん、会社のみんながこれには大喜びでした。

このとき、加藤さんは言いました。

「同じような障害をもつ人たちに、すこしでも自信を持ってもらいたい！　これからも、タクシーの仕事を通じてそれができたら最高です！」

加藤さんがいつも一生懸命に働いている理由がわかりました。

そうした、「努力をすれば、タクシーの乗務員だって健常者の人たちと同じようにサービスができる」ということをみんなに知ってもらいたいと強く願っていたからなのですね。

息子ともども感謝しています

私の子どもは、脳に障害をもって生まれてきました。

本来であれば、友だちと一緒に、元気に勉強やスポーツをしているはずの小学校5年生。

しかし、息子は生まれてこのかた、人生のほとんどをベッドの上で過ごしています。

移動のときは、車イスもままならず、たいがいは、ストレッチャーを利用しなければなりません。

また、月に一度かかりつけの病院へ行くのですが、ストレッチャーの上で暴れたり奇声をあげたりすることもあるため、移動のときはいつも親として大変な思いをしています。

事情はわかっていただいているのですが、やはり、いろいろとご迷惑かと思うと、とても心苦しくなってしまいます。

実際、あるタクシー会社の運転手さんに嫌な顔をされたこともあります。もちろん、ほとんどの運転手さんは嫌な顔こそしませんが、終始無言という状態です。おそらく、運転手さんは見て見ぬふりというわけではなく、「かける言葉も見つからない」という心境になるのでしょう。

そんなある日、そうした私の思いをくつがえすような素晴らしい運転手さんに出会ったのです。

その日も、車内は大変な状態でした。

しかし、うちの子がどんなに暴れても騒いでも、運転手さんは嫌な顔ひとつせず、逆に子どものわがままをたくさん聞いてくださいました。

病院に着くと、息子は、「病院のベッドで寝ながら行きたい」と言い出したのですが、運転手さんはニコニコしながら「ちょっと待っててね」と言って、病院のストレッチャーを本当に借りてきてくださったのです。

おかげで息子は上機嫌。その日の診察はとてもスムーズに運びました。

別れ際、私は、運転手さんにお礼とお詫びを言いました。すると、

「お客さまが喜んでくださることが一番ですから、全然気にしないでください」

そう、笑顔で返ってきたのです。

信じられないくらいうれしかったです。

すぐに私は、この運転手さんのタクシー会社に電話をしました。何度お礼を申し上げても足りないくらいでした。

そしてもちろん、「またこの次の機会もぜひこの運転手さんにお願いします！」と、お伝えしました。

いぶし銀の技が冴えるプロ運転手

社内最高齢である69歳の福園さんは、前職である路線バスの運転手を30年の長きにわたってつとめあげた経験から、東京や横浜方面の地理にとても明るく、乗車されたお客さまから、「福園さんならどこへ行くのも安心」と、評判も上々です。

また、東京の病院に通院されているあるお客さまからは、「私の身体のコンデションを心配しての運転には、とても感謝しています」と、そのきめ細かな気づかいに感謝する声も寄せられています。

先日、福園さんをいつも指名してくださるお客さまから、予約の電話が入ったときのことです。

もちろんその日も「福園さんをお願いします」ということでしたが、あいにくその日は福園さんの公休日でした。

そのことをお客さまにお伝えしたところ、以前に福園さんはそのお客さまに、「通院の日が決まったら電話をくださいい、もしその日が休みでも振り替えで出勤しますから」と、約束をしていたというのです。

お客さまあっての私たちです。しかも、そのような事前の約束があったのならと思い、私は躊躇しつつも休み中の福園さんに連絡することにしました。

「連絡してくれてありがとう！」

福園さんは当然のように会社にやってきて、そう言うと、元気いっぱいにお客さまの元へ向かっていきました。

ひと安心はしたのですが、ただ、その日は、お客さまの向かう新横浜駅周辺でちょうど大きな行事があって、道路がかなり渋滞していました。実は私は、こちらのほうが気がかりでなりませんでした。

あとで福園さんに聞いたところ、ちゃんと約束の時間に間に合うよう、駅まで送り届けることができたということでした。

どうやら、これまでに培ってきた経験と知識をフルに活かし、その難局を切り抜けていたようです。

また、なかばあきらめかけていたお客さまも、これには大喜びだったということでした。数日後、そのお客さまは、福園さんご指名で往復ともに予約を申し込んできました。以来、今もこれは続いています。

地理に詳しく経験も豊富とはいえ、いったいどのような運転をすればこのような結果が出せるのでしょうか。その年齢からは想像もできないようなアグレッシブな熱い走りなのでしょうか？

しかし、前述のとおり、お客さまからは、「私の身体のコンデションを心配しての運転には、とても感謝しています」というセーフティドライブのお墨付きまでいただいている福園さんです。

福園さんこそ、プロ中のプロドライバー。まさに職人技です。

いや、「もはや〝神業〟なのでは！」と、社内ではもっぱらの評判です。

泣く子も笑うドライバー

９割以上が「この仕事ははじめて」という弊社の従業員のなかで、松下さんは珍しく業界経験者です。

そんな彼いわく、「売り上げ、売り上げと、売り上げの高い会社もいいけれど、心の底から〝お客さまのことを考え、地域の中で信頼され支えられている〟企業こそ素晴らしい」とのこと。

そして、そんな会社でぜひ仕事がしたいというので、弊社へやってきた松下さんですが、入社１年にして、すでに主力のドライバーとなって大活躍しています。

本人の言葉どおり、お客さまからは「お客のことを本当によく考えてくれるから、松下さんのタクシーに乗ると安心」という声がよく聞かれます。

そんな松下さんですから、世の中の景気が悪化している昨今でも、全社の中で常に売り上げトップクラスを走り続けています。

ある大雨の日のことです。お客さまから松下さんあてに1本の電話が入りました。あいにく松下さんは送迎中だったため、かわりに私がことづかることにしました。

「今日、松下さんという運転手さんのタクシーに乗せていただきました。実は、乗車するときはそうでもなかったのですが、降りるころになったら大雨になっていましてね。料金をお支払いすると、運転手さんが〝ちょっとお待ちください〟と言って、一旦車を出て私のドアの外側に立ち、傘をさしてドアを開けてくださったんです。しかも、そのまま玄関まで送ってくださいました。おかげさまで私は濡れることなく、自宅に帰ることができました。でも、そのかわりに運転手さんがびしょ濡れになってしまいまして……。あのときにちゃんとお礼を言えなかったものですから」

丁寧なお礼の電話でした。

私は、近くにいた所長に早速この話をしました。

所長は、帰ってきた松下さんにこのことを伝え、褒め、そしてお礼を言いました。

ところで、「乗っていて安心できる」という運転は、タクシードライバーとして、とても重要な資質ですが、松下さんの場合は、それ以上の「安心感」を持ち合わせたドライバーでもあるようです。

実は先日、このようなことがあったのです。

その日松下さんは、赤ちゃん連れのお母さんを乗せて走っていました。

車中で話をしていてすっかり打ち解けた様子のお母さんは、目的地に到着すると、赤ちゃんを預けて車を降り、用事を済ませに向かったそうです。

それは、約20～30分ぐらいのことでしたが、お母さんが車内から姿を消して間もなく、その赤ちゃんは泣き出してしまったのだそうです。

そのとき松下さんは、赤ちゃんを抱っこしてあやしたというのです。しかも、ほどなく赤ちゃんは泣きやみ、お母さんが戻ってくるころにはすっかりご機嫌になっていたというから驚きです。

赤ちゃんもお母さんも、松下さんに絶大な信頼を寄せていたことがしのばれるエピソードだと思いました。

笑顔の素敵なナイスガイ！

大学卒業後、地元のタクシー会社に入社した吉原さんは、弊社にとって、新卒者受け入れの第1号となる社員でした。

社会人として新人であることはもちろん、この業界についてもまったくの素人ですから、一から教育を行ないました。

とは言え、さすがに若いと覚えることも早いものだと、周囲の先輩たちを感心させた吉原さんです。

しかし、彼の一番の特長は、何といってもその笑顔！　ヨン様スマイルにもけっして負けてはいません。いえ、さらに上をいくパワーがあるようです。

先日、吉原さんが乗せたお客さまから、こんな電話がありました。

「今日、吉原さんという運転手さんの車で病院まで送ってもらいました。熱があってとても苦しかったのですが、運転中も降車のときも、とても優しくしていただきました。おかげで、病院に着くころには熱が下がったみたいでした。本当にありがとうございました」

あとで吉原さんにこのことを伝えると、「いつもどおりの運転をしただけですよ」と、これまた実にさわやかな笑顔が返ってきたのでした。

また、こんなこともありました。

ある朝、坂道の多い街のマンションに住んでいるおばあちゃんから、「近くの駅までお願いします」という依頼がありました。

「近くて悪いですね、何しろ自分で運転もできないし、坂道もきつくて……」

電話口でもそう言って恐縮しきりのおばあちゃんでしたが、吉原さんが迎えに行ったときにも、とても申し訳なさそうに何度もそう言っていたそうです。

「大丈夫ですよ！　いつでも呼んでくださいね」

降車の際、吉原さんはそうお声がけしてきたそうです。

その後、おばあちゃんから大喜びで感謝の電話がありました。きっとこのときも、素敵な笑顔だったのでしょう。

このとき、あることに気づいた吉原さんは、平日昼勤のときには、なるべく病院で待機するようになりました。通院している方は比較的年配の方が多く、このおばあちゃん同様、「足の確保」に困っているのでは?と、思ったからでした。

それから数日後、やはりまた比較的病院の近くに住むお客さまを乗せることになった吉原さん。そのお客さまはまだ若かったそうですが、体がすこし不自由だったようです。

「時間がかかってゴメンナサイ」

思うようにいうことをきかない自分の体を懸命に動かしながら、お客さまは吉原さんに言ったそうです。

「大丈夫ですよ、お客さまのペースでゆっくりお乗りくださいね」

吉原さんは、そう言ってドアサービスをしたのだそうです。

すると、これにお客さまがとても驚いて、「そんなことを言われたのははじめてです」と、目を潤ませたということでした。

吉原さんとしては当たり前のことを言っただけなのに、その実、こんなに喜ばれ、感謝・感激されたことに、逆に驚かされたようです。

ちょっとした思いやりで多くのお客さまがこんなに喜んでくれることに、吉原さん自身、感謝の気持ちでいっぱいになったのでしょう。

以来、吉原さんの病院での待機がさらに増えたことは言うまでもありません。そんな吉原さん、今はタクシーのハンドルを握る時間が楽しくて仕方ないそうです。もっともっとタクシーのことを勉強して、多くのお客さまに喜んでいただけるようにと、日々笑顔で走り続けています。

……だけど、（老婆心ながら）彼女へのサービスもお忘れなく（！）

介護タクシーなんていらない

私どもはグループ車両数65台の地方では中規模のタクシー会社です。

しかし、私どもには、どんな大手タクシー会社にも負けない〝お客さまとの強い信頼関係〟という、とても大きな財産があります。

実は、この大きな財産を築くきっかけとなったのは、ある常連のお客さまからの、1本の配車依頼の電話でした。

数年前のある日のことです。

「福井さんいますか？」

聞き覚えのあるその声は、すぐご近所に住んでいるお客さまで、いつもドライバーの福井さんを指名してくるおばあちゃんでした。

ちょうど福井さんは別のお客さまを迎えに行ったあとだったため、私は、

「お客さまにお時間をとらせてしまいそうなので、別の乗務員でもよろしいですか？」

と、たずねました。

すると、電話の向こうで、おばあちゃんはすこし考え込んだあとに、

「待ってでもええから、福井さんに来てもらいたいんやけど……」

と、ちょっと遠慮がちに答えたのです。

いつも「福井さんいますか？」と、電話をくれるおばあちゃん。でも、どうしていつも福井さんなんだろう？　私は不思議に思いました。

「やっぱり、福井さんがええんや」

突然、おばあちゃんは堰を切ったように話しはじめました。

「私がタクシーに乗るのは病院に行くときくらいで短い時間やけど、その間、福井さんはいろいろ気遣ってくれたり、話し相手になってくれたりして、短い時間やけど楽しいんや」

「この年になるとな、歩くのも遅くなって乗り降りにも時間がかかる。もちろん他の運転手さんもよくしてくれるけど、福井さんはほかの運転手さんと違い、心がこもっとんや」

「雨が降ったときなんか、自分はビショビショに濡れながら私に傘をさし掛けてくれるん

や。〝おばあちゃんこそ風邪ひいたら大変やで！〟なんて言いながら病院の中まで連れてってくれるんや。看護師さんや他の患者さんも感心しとったわ」

私の脳裏には、いつも会社から車を出してお客さまのもとへ出かけていく福井さんの姿が思い浮かんできました。それは、いつも明るい福井さん、けっして偉そうにしているわけでもなく、むしろ謙虚すぎるくらいの福井さんでした。

さて、思いがけずついつい長話になり、時間がたってしまったため、福井さんのタクシーは空車になり、会社の近くまで来ていました。

それでおばあちゃんとの電話を切ることになったのですが、実はこの間、一連のやりとりを横で聞いていた同僚が、嫌な顔ひとつせずに電話受けの業務を私の分までこなしてくれていたのです。

「ごめんね、ありがとう」

私は言いました。

「お客さまと直接接するのは乗務員さんだけど、おばあちゃんと福井さんの心温まる話を聞いていたら、『事務方の自分たちには何ができるのだろうか？』なんてことを考えさせらちゃってね」

と、ちょっと照れながら、彼女はそう言ってくれたのです。

こうして、この1本の配車依頼の電話がきっかけとなり、弊社では、乗務員さんを含め、全社員、もちろん社長も一丸となって、お客さまの立場に立った真心のこもったサービスを心がけるようになったのです。

実はそれまで、福井さんは他のお客さまからも指名が多く、すべてのお客さまの希望どおりには配車できなかったのですが、今ではそうしたお客さまも、どの乗務員がうかがっても喜んで乗車してくださるようになりました。

「私は介護タクシーなんか要らんのや。すべてのタクシーがおたくみたいやったらええのにな……」

あのとき、電話を切る直前におばあちゃんが言っていた言葉です。

この絶大なる「信頼」こそが、弊社にとっての何にもかえがたい大きな財産であり、そして、誇りでもあるのです。

右か左か？

右か左か？　タクシードライバーは、本当に悩むことの多い仕事です。この仕事をはじめてかれこれ10年になりますが、いまだに私はそれで悩む毎日を送っています。

梅雨も終わり、暑い日が続いていたある朝、いつものように出社すると、「1泊2日でお客さまをご案内してほしい」と、突如言い渡されました。

行き先は箱根。2日間とも貸し切りで経路は自由。それは、脳梗塞を患い歩行と言葉が不自由なご主人と、奥さん、2人の娘さんの4人家族の旅行でした。

私はまずここで、「山側か？　海側か？」と、どちらのコースに案内したらよいのかを早速悩みはじめました。

「そうだ！　お客さまに決めてもらえばいいんだ！」と、思いつき、気を取り直し、まずはお客さまの自宅に向かったのでした。

ところが、自宅に到着して希望を伺ってみたところ、「運転手さんにおまかせします」との答えが返ってきたのです。

「さぁ困ったぞ……」心の中でつぶやきました。

どのコースがお客さまにとって、いちばん楽しく、そして思い出に残る旅になるだろう？　私は、首都高速に乗るまで雑談をしながら、お客さまの好みをリサーチし続けました。

その結果、富士山がよく見えるスポット、旧東海道の山道や関所跡、2、3ヵ所の美術館、そして芦ノ湖を回ることに決めたのでした。

心強い味方、旅行雑誌の『るるぶ』を片手に、箱根神社に案内したときのことです。みんなで本殿まで行ってみたいという要望があがったため、すかさず私は、社を出るときに用意してきたおんぶヒモを出しました。これがあれば、参道の階段も、体の不自由なご主人をしっかりおんぶしてのぼって行くことができます。

ところが、ご主人は自分の足である車イスに乗って参拝することを希望されたのです。はたと困ってしまいました。が、よく見ると、参道の階段脇はスロープになっていました。かなりの急勾配でしたが、これでお客さまの希望をかなえることができると思ったら、そんなことは問題ではありませんでした。

これで本殿の近くまで行くことができたのですが、今度は玉砂利に前輪がもぐってしまい、うまく前に進みません。そこで私は、車イスを後ろ向きに引くことを思いつきました。

こうして、みんなでそろって参拝し、何とか境内を散策することができました。

この日は、私もみなさんと同じホテルに宿泊予定になっていたので、ご主人と一緒に温泉に入るつもりでいました。一緒に温泉に入って介助させていただくつもりでいたのです。

しかし、周りのお客さまや私を気づかってか、ご家族の方は家族風呂を借りられていました。結局、私は、地下にある風呂場までご主人をおんぶするだけですんだのでした。

翌日は、お土産屋さんを数ヵ所回ってから家路に向かったのですが、車イスとたくさんのお土産を積め込んだタクシーのトランクは、隙間なくギュウギュウになっていました。

どうにか他の荷物は座席の下に置いて乗ることができたのですが、このときほど「トランクがもっと広ければ……」と、思ったことはありませんでした。

また、お客さまの自宅が近づくにつれ、私は内心心配になっていました。

「自分なりのサービスしか提供できなかったけれど、はたして満足していただけたのだろうか……」

しかし、そんな心配も、無事自宅に到着したと同時に一掃されました。

「ありがとう」

言葉の不自由なはずのご主人が、たしかにそうおっしゃったのです！

本当に仰天しました。次の瞬間、この仕事をしていて本当に良かったと、熱い思いが胸の奥からこみあげてきたのでした。

天からの授かりもの

23歳で今のタクシー会社に入社した私は、現在、入社7年目の29歳です。

実は私には、お客さまによくご指摘いただくことがあります。

趣味で合唱をされているという、ある男性のお客さまからは「ぜひ、うちでテノールを担当してください」と言われ、若い女性のお客さまからは「声優さんみたいですね」と言われ、お酒を飲んですっかりできあがったサラリーマンの方には「なんだ、兄ちゃん、姉ちゃんみてぇな声だな、気持ち悪い」と言われ……。

そうです。私の声は、通常より音域が高いのです。ちょっと気にもなるのですが、この声は、「天からの授かりもの」だと社長に言われています。この声が、お客さまを癒し、安心感を与えているからだそうです。

ちょっと複雑ではありますが、いろいろとふり返ってみると、もしかしたら本当に自分が思っている以上に、この声はみなさんにそうした安心感のようなものを与えているのかもしれません。

ついでですので、いろいろとふり返ってみたエピソードをご紹介したいと思います。


【エピソード1】


私は、介護タクシーのご依頼で、毎日2〜3件、高齢者のお宅におじゃまし、通院かりハビリに通うケアと移送をやらせていただいています。

先日、病院で診察の終わったおばあちゃんを車イスにて介助しながら、ご自宅までご案内させていただいたところ、「お茶でも飲んでいきなさい」と、1時間ほど拘束されてしまいました。

独り暮らしの方で、お話相手が欲しかったのでしょうね。泣きながら感謝の言葉を口になさるので、なかなか立ち去ることができなくなってしまいました。

この日の営収は寂しかった……。でも、おばあちゃんとのひと時は楽しかったです。


【エピソード2】

よく社長のお母さまをリハビリにご案内することがあります。

社長の子どものころのお話とか、ご家族のお話をなさるのですが、ご降車の際に必ず「うちの息子をよろしくお願いします」と、おっしゃるんです。

お願いされても困ってしまうのですが、「大丈夫ですよ。まかせておいてください」とか、「わかってますよ」とか、「かしこまりました」と、答えています。答えてはいるのですが、何だかわからないけど、気が引けてしまいます。

【エピソード3】

ある深夜の飲食店への配車。

到着し、お店のドアを開け、お声がけのあと、車のドアの前で待っていました。泥酔した男性の両脇を、片方が友人と思われる男性が支えて、もう片方をお店の女性と思われる方が支えて出てこられました。

ご乗車になったのは、男性2人。別々のご自宅までお帰りになられるということでした。まずは友人を支えて出てこられたお客さまのご自宅に到着。泥酔なさっているお客さまのお送り先を私に指示してご降車されてしまいました。

道中、何やら様子がおかしいことには気づきながらも、指示された場所に到着。ひとりでは降車が危険なほど酔っていらしたので、おぶって居室までご案内することにしました。ベッドに寝かせたところ、あやうく押し倒されるところでした。

申し訳ありません。声はともかく、私はノーマルな男です。

引越し先の心強い味方

主人の転勤で、今の街に越してきた当時のことです。

仕事の引き継ぎやら何やらで、肉体的にも精神的にも大変だったのでしょう。引越しのすこし前から、主人は急に咳きこんだり、何だか顔色もさえない感じでした。

しかし、私も家族も、いろいろと引越しの準備に追われていて、ついつい声をかけそびれていたのです。

ようやく引越しも終わり、何とか落ち着いて暮らせるようになると、主人も会社で休みがとれるようになりました。そんなある朝のことです。

「オレ、今から病院へ行ってくるわ」

主人が言いました。

私は、このあたりの病院の電話番号が書かれた冊子を持ってきました。内科、外科、消化器科……、いろいろと書かれてありますが、さすがに、どの病院が評判がいいのかということまでは書かれてありません。

「いい、いい、もうタクシー呼んでるから」

そう言って、玄関を出て行ってしまいました。

間もなくタクシーがやってきました。主人と同じ年くらいの運転手さんでした。

挨拶しようと、運転手さんはシートベルトを外し、タクシーから降りて来ようとしていたのですが、そんなことはお構いなしに、主人はガチャガチャッとせっかちに後部座席のドアに手をかけたのでした。今思えば、よほど体調が悪かったのかもしれません。

お昼過ぎ、2時近くになって、戻ってきた主人。あきらかに今朝とは表情が違っていました。顔色も心なしか生気がみなぎっていました。

それにしても、主人はいったいどこの病院へ行ってきたのでしょう？

最初、「どちらまで？」と運転手さんに聞かれたとき、主人は、「転居したばかりで病院がわからない」と、ぶっきらぼうに答えたそうです。

すると運転手さん、症状等を聞いてくるのではなく、自分の知人も転勤族で、やはりそういう苦労がいろいろあったようだなどと、まったく違う話題をはじめたそうです。

そうした話題をしているうちに、だんだん気分も晴れてきて、気づくと主人はこれまで吐血していたことや、自分でガンではないかと疑って怖くて診察を今日まで受けてこなかったことなどまでもしゃべっていたそうです。

そして、話が終わるころに、市立医療センターに到着していたのだそうです。ちょうど午前中の外来時間に間に合うタイミングだったようで、主人はこれにも驚いていました。市立医療センターは、いろいろな設備や施設が整った、このあたりでは大きな病院です。おそらく、「私の症状を考慮しつつ、今日の交通状況まで判断し、診察時間に間に合うように急いで車を走らせてくださったに違いない」と、主人は話していました。

この話を聞いて、私はとても感激しました。

忙しかったとはいえ、私も家族も、体調に気づいてあげることができずにいたのです。それが、主人の心のうちまで察しケアしていただけたことはもちろん、何より、そうした適切な医療機関へ連れて行ってくださったことは、本当に感謝しても感謝しきれません。早速「お礼の電話を！」と思ったのですが、主人は運転手さんの名前を覚えていなかったのです。これは、今でも主人ともども後悔しております。

検査結果に大きな問題はなく、今はすっかり元気をとり戻した主人。それで私は、数日後、主人の検査結果が出たあとで、タクシー会社にお礼の手紙を出させていただきました。

あのときの運転手さん、本当にどうもありがとうございました。

チームワークでとり戻した「ありがとう」

私には、お客さまからいただく言葉の中で嫌いな言葉があります。

それは、「急いでください」という言葉です。

もちろん、急いでいるからタクシーを利用するお客さまもいるというのは、百も承知なのですが……。

ある日のことです。

手違いがあったのでしょう。どうも配車に手間どったらしく、指示された場所に到着すると、お客さまはひどくご立腹の様子で、まさに仁王立ち状態でいました。

案の定、「駅まで、急いでくれ!」と、かなりきつい口調でした。

そこで私は、まずは手違いにより配車に手間どってしまったこと、その結果現着が遅れてしまった事実を告げたうえで、謝罪の言葉を述べました。

一方、頭の中では、「どういう経路をとったら、ご立腹中のお客さまにご満足いただけるだろうか」と、フル回転で考えていました。

このとき、正直なところ、「急いでくれ」の一言に、「あぁ、嫌だな……」という思いが私の心の中にはありました。が、そうした思いを最大限に隠し、私はお客さまに申し上げました。

「できるだけ急がせていただきますが、道順についてはお任せいただいてもよろしいでしょうか」

幸いにして、生まれ育った場所での土地勘があります。私は、農道や生活道路を駆使しながら、ひたすらお客さまのご要望を満たすことができるようにと願い続けて、車を走らせました。

目的地直前で時計を確認すると、何とか無事に指定の時間には間に合ったようでした。するとあれほどご立腹だったお客さまから、思いがけずこのような言葉が返ってきたのです。

「ありがとう。助かったよ。文句ばっかり言って悪かったな」

驚きつつも、ホッと胸をなでおろしました。

さらに私は、お客さまの不満を満足に変えることができたことで、同僚の手違いも詫びることができたことに何よりの喜びを感じていました。

同僚の失敗は自分の失敗も同然のこと。挽回につとめることはあっても責めるなどとはゆめゆめ思いもしないことでした。

実は、チームワークを大切にして働くということは、社の信条でもあります。

会社にはさまざまな立場の人間がいますが、みんな仕事を通してともに挑戦し、楽しみ、喜び、与え合い、励まし合う仲間たちです。そして、仲間は尊敬でき、信頼できる友人です。

ひとりでは達成できないことでも、チームなら達成していけることがたくさんあります。

今回はたまたま土地勘があってうまくいったけれど、「もっともっと多くの地理習熟につとめよう」と、あらためて私は固く心に誓いました。

当たった！　宝クジ

弊社には、「私たちは、感謝・感動・感激を意識します」という社訓があります。すこし説明すると、これは、「感謝」と「感動」は自らが発するものであり、「感激」はお客さまからいただくもの。だから、まずは与えること。それがなければいただけないものと心得るべきだという考え方です。

たしかに、お客さまに、この「感謝・感動」の心を提供することを意識すると、自然と笑顔になり、共有する空間が素晴らしい雰囲気になるはずです。そして、そこからは、「感動」がおのずと返ってきます。

実は、このことが私たちの人生をより豊かで実りあるものにしてくれているのかもしれません。

5月のある日、私は、日中いつものように無線配車を受け、お客さまが指定する場所に向かっていました。

お客さまの自宅に到着し、インターホン越しに挨拶をしてからドアの前で待つこと1～2分。出てきたのは初老の女性でした。

あらためてご挨拶申し上げました。

その後、ドアサービスと乗車の際にシートベルトを締めてさしあげ、それから運転席の方へ向かいました。

行き先は、銀行の宝クジ売り場でした。

買った宝クジが6万円当たっていたそうで、今から交換に行くところだったのです。

「お客さま、やりましたねー！　おめでとうございます！」

この一言から、どんどん話が広がっていきました。

そうしているうちに、「実は、4年前にもロトのクジで1000万円近く当てたことがある」という仰天エピソードまで飛び出してきたのです。

「えぇー！　本当ですか？　お客さま、そりゃスゴすぎですよ！」

思わずそう言っていました。

さらに、当時のことを思い出したお客さまは、身ぶり手ぶりでそのときの様子を興奮気味にどんどん話し出したのです。

とってもリアルな話しぶりに、私はいつしか、さも自分自身がその宝クジに当たったかのような興奮を覚えていました。

やがて、目的地である指定の銀行に到着しました。

「これで宝クジでも買いなさい」

その言葉にふり返ってみると、意気揚々とした表情のお客さまは、運賃の精算とは別に、千円札を3枚差し出していました。

驚きました。ともあれ、あまりにも過分な額でもあり、私は辞退を申し出ました。

それでもなお、お客さまは笑顔ですすめてきてくださいました。

「いいから、いいから。取っておきなさい」

このときまさに私は、社訓である「私たちは、感謝・感動・感激を意識します」という言葉をひしひしと実感したのでした。

妻に花を買った日

以前、『60歳のラブレター』という映画が流行りましたが、ここで紹介するのは、それと似た、ちょっと心あたたまるエピソードです。

初夏のある朝、無線配車で病院へお客さまを迎えに行ったときのことです。

お客さまは80歳くらいの老夫婦だったのですが、2人は何か会話をしながら手をつないで立っていました。

ドアサービスのために車から降りて近づいていくと、2人とも足元がおぼつかない様子であることがわかりました。そこで私は、お声がけをしながらひとりずつゆっくりと車内に案内し、シートベルトを締めてさしあげました。

発進すると間もなく、この老夫婦との会話がはじまりました。

タクシードライバーの仕事をしていると、お客さまと会話を交わすことは当然の成り行きなのですが、なぜだかこの老夫婦とはとても気が合ってしまい、いつしか車中はとても盛りあがっていました。

そこでわかったのですが、奥さまは足が弱く、また、ご主人のほうは、視力がとても弱かったのです。そのため、ご主人は、周囲がよく見えないので歩くことが不安だというのです。

「とてもご不便なのだろうな……」

そう、心のなかで思ったときでした。

「ふたりで一人前ですよ」

と、ご主人が明るく笑いながらおっしゃったのです。

私の頭の中に、先日観たばかりの『60歳のラブレター』の映画のワンシーンがパーッとひろがりました。

それは、映画の中で中村雅俊さんが、「オレは今日までひとりでお前を引っ張ってきたと思っていたが、本当はお前が後からオレを押してくれていたんだ。だから今日まで来れたんだ」という旨のセリフで、妻に感謝を捧げるシーンでした。

今、目の前のお客さま老夫婦とこのワンシーンが重なって見えたのです。

実はこの日、私は些細なことで家内とケンカをしていました。しかし、この老夫婦の姿を見ていて大いに考えさせられてしまったのでした。

その日は、家内の大好きなガーベラの花を買い、早々に家路についた私でした。

銀行マンからのメール

私の会社の近くには、ある銀行の研修所があります。ここは、全国各地からその銀行の職員のみなさんが研修で訪れる場所です。

今からご紹介するのは、静岡県から研修に訪れた、とある銀行マンからのメールです。これは、ある夏の日の夕方に、「お礼」と題して送信されてきたもので、最初にこのようなメッセージがありました。

――昨日と本日、良い気持ちにしていただき、ありがとうございました。静岡についても、まだ余韻が残っています。いろいろな人に話をしたい気分です――

そして、「乗務員の皆様へ」と書かれた添付ファイルには、このようなメッセージがあったのです。

……………………………………………………

7月23日、研修所から最寄りの駅まで、吉田さんの車にお世話になりました。昨日も今日も同じタクシー会社で、しかも昨日も応対の感じが自然で心地よく、今日も同様に感じが良く、本社の無線対応の言葉づかい等も非常に良い感じで、とにかく驚きました。

ホームページを見まして、「社員さん自慢」と出ていましたが、よそ者である私が横から社員さんを自慢したいくらいです。教育をしっかり受け、会社の方針を守っているな、という感じがしました。

私が接した2人だけでなく、多分みなさん全員が同じレベルであろうと推測されます。私どもの業界の職員でも御社のような応対レベルにはないと断言します。驚きました。私の知る限り、「最高な応対のタクシー会社」です。そちらの研修所には、全国から職員が集まりますが、多分みなさん同じ感想を持つと思います。

今後も運転手さんはじめ、みなさんにがんばって欲しいと思います。ありがとうございました。

……………………………………………

忙しい毎日の中から、こうしてわざわざ感謝のメールを送ってくださるとは！

さらに、全国レベルで賞賛をいただけたことに、運転手の吉田はもちろん、オペレーターの私たちも、社員みんなが感激してしまいました。

それでも笑顔をくださったお客さま

5月のある朝のことです。私は、無線配車にて、市役所まで、ひとりのご婦人を乗せることになりました。

乗車して間もなく、「あら?」と、ご婦人の声がしました。

シートにカギが光っていたのです。

おそらく、前に乗車したお客さまのカギでしょう。ポケットや鞄などからこぼれ落ち、そのまま気づかずに降りて行ってしまったに違いありません。

私は、お客さま降車時の確認が不足であったことを反省し、悔みました。と、そのとき、「前の方が降りたところにすぐ行ってみたら。カギがないとお困りでしょう」

ご婦人は、そう声をかけてこられたのです。

思いもよらないお客さまからの申し出でした。

しかし、私は躊躇しました。というのも、市役所に向かうご婦人にとっては、遠回りになってしまうからです。くわえて、前に乗車したお客さまは駅で降りていたので、すでに電車に乗り継いでいるかもしれません。

「大丈夫よ、私は急いでないから」

ご婦人は、そうした私の心中を察してか、さらにそうおっしゃいました。

申し訳ない気持ちでいっぱいになりながらも、私は、その好意をありがたく受けとめることにしました。

「本当にありがとうございます」

ご婦人に感謝し、急いで駅に向かいました。

駅に到着すると今度は、お客さまを探しに駅構内へ行きました。あいにくここでは見つからなかったため、周辺のスーパー、コンビニ店内も捜してみることにしました。

しまった！　このとき、大変なことに気づきました。気が急いていたために、メーターをそのままにしていたのです！

そのうえ、ご婦人の思いやりの甲斐もなく、とうとう落とし主を探しだすこともかなわぬ結果となってしまいました。

その後、本来の目的地である市役所に到着すると、そのままのメーターで走っていたため、私は、通常ルートでの概算で運賃をいただくことにしました。

ところがです！

「いいのよ。大丈夫よ。ご苦労さま。ありがとうね」

一瞬、我が耳を疑いました。しかし、あらためてお詫びの言葉とともに概算料金を申し上げても、ご婦人の返事は同じでした。

ご婦人は、本来の料金以上のお金を出し、さらには、お釣り銭まで「結構よ。とっておいて」と言って、笑顔でタクシーから降りていかれたのでした。

時間と運賃が余計にかかったうえ、優しさや思いやりという、お金を出しても買うことのできない大切なものを受け取った私の心の中は、感謝・感動・感激の気持ちでいっぱいでした。

このとき、「お客さまの忘れ物、落し物の有無の確認をもっと慎重にしなければいけない」と、深く深く肝に命じた私は、おかげであれ以来、忘れ物で肝を冷やすことがありません。

あのときのお客さま、本当にどうもありがとうございました。

近距離でも喜んで!

最低でも、週に一度はタクシーを利用しています。買い物や通院のためです。

病院へは、元気があれば十分歩いていける距離なのですが、年金をもらう年齢を過ぎてからは、いっそう足腰が言うことをきかず、どうしてもタクシーに頼らざるを得ない日々です。

「近くて悪いんですけど……」

いつも私は、そう一言運転手さんにお声がけをしてから乗せていただいています。

運転手さんも商売です。近距離よりは、遠距離でお願いされたほうが効率よく稼ぐことができるのですから、言葉や顔には出さなくても、私のような客は迷惑に違いありません。なかには、嫌な顔をしたり、さらには拒否する運転手さんもこれまでにいました。

ですから私は、いつもそう一言お詫びの言葉を添えるのです。

あるとき、女性の運転手さんのタクシーに乗ることがありました。実は、女性の方に乗せていただくのは、このときがはじめてでした。

珍しいなと思いながらも、いつものように、私は、「近くて悪いんですけど……」と言いました。すると、

「はい、喜んでお送りさせていただきます！」

すぐさま、そう返ってきたのです。

驚いて運転手さんの顔を見ると、今度は、ニコニコしながら自己紹介をし、「それでは、安全運転で参ります」と、元気におっしゃってくださったのでした。

運転中もとても愛想よく接していただき、私はとても良い気分でした。

どんどん親近感もわいてきて、「今まで、ほとんどの運転手さんに、あまりうれしくない顔をされていたの……」などと、ついつい愚痴までこぼしていました。

話していてわかったのですが、この女性の運転手さんのタクシー会社に、私はこれまで何回か乗せてもらったことがあったようです。

彼女は、「いやな思いをさせてしまって申し訳ありません」と、恐縮しきりでした。

調子に乗って余計なことまでしゃべってしまっていた自分を悔みました。

それにしても、このときは、本当に気持ち良くタクシーに乗せてもらいました。何度お礼を言っても足りないほどでした。

それからしばらくして、私がまたいつもの病院へ行ったときのことです。

「あれ？　あのときの方よね？」

思わず私は、女性の運転手さんに突然そう声をかけてしまいました。

しかし、運転手さんは私の顔を見てもなかなか思い出せない様子でした。「もしかしたら私の勘違いかも！」と思い、咄嗟に名前のプレートを確認しました。

やっぱり間違いありませんでした。

「……あ！　あのときのお客さま！」

ようやく運転手さんも思い出したのでした。

もちろんその日も、とても気分良く乗せてもらうことができました。私がお礼を言うと、

「特別に何かしているわけでもないんですよ。ただお客さまには笑顔を心がけているだけなんです。実は、お客さまの笑顔が巡り巡って、女性ドライバーとしていろいろな困難に出合ったときも、勇気づけられ励まされる大きな活力の源になっているんですよ」

そう、逆にお礼を言われたのでした。
本当に素敵な運転手さんですね。

息子のようだった運転手さん

その日、私はひとりで留守番をしていました。

息子夫婦と孫と一緒に住んでいて、いつもはお嫁さんも家にいるのですが、その日は親戚の法事で、朝から出かけていたのです。

10時にお茶を飲んでいると、居間の電話が鳴りました。

「お子さんが急に熱を出してしまって、すぐにお迎えに来てください」

孫の通う保育園からでした。

湯呑茶碗をかたづけるのも忘れ、保険証を用意したり、身支度をととのえたり、タクシーを呼んだりと、歳とって自由のきかない体にムチを打って、あたふたと家を出ました。

玄関先でタクシーを待っていると、今度はだんだん自分のことが不安になってきました。

いつもはいろんな外の用事をお嫁さんがやってくれていたので、私はただ家で案じているだけでした。それが今日は違います。

足もともおぼつかないこんなおばあちゃんに、ちゃんと孫の世話ができるのだろうかと、考えれば考えるほど、どんどん心配になっていきました。

ほどなくタクシーがやってきました。

「大丈夫ですよ、ゆっくり歩いてくださいね」

優しい運転手さんでした。そう声をかけながら、私の手をとってタクシーに乗せてくれたのです。

タクシーが託児所に到着すると、待ち構えていた職員さんが、孫を抱きかかえてタクシーのところまで小走りでやってきました。

孫も乗り込み、ほどなくタクシーは子ども病院に到着しました。

「運転手さん、すみませんが、待っていてくださいね」

そう言って私は、運転手さんに外で待っていてもらうようにお願いしました。すると、

「ご一緒しましょうか?」

運転手さんがそうおっしゃってくださったのです。

とても心強くなりました。本当にありがたかったです。

しかも、運転手さんは、片方の手で私の荷物を持ち、もう片方は孫と手をつなぎながら病院へ付き添ってきてくださったのです。

受付に行くと、問診票の記入がありました。文字が小さくてなかなか読み取りづらく、ちょっと手間取りました。

「私が読み上げますから、答えてくださいね」

気がつくと、私の横に運転手さんが立っていました。まごついている私の姿を察してやってきてくれたのです。

お言葉に甘え、今度は代筆までしてもらったのでした。

無事に受付が終わっても、運転手さんはタクシーには戻らずに、そのまま私と孫と一緒に待合室にいてくださいました。きっと、こんなたよりないおばあちゃんと子どもに、何かあったら大変だと考えてのことだと思います。

診察の順番がくるまで、運転手さんは、孫に絵本を読んでくださいました。孫も大喜びでした。

家を出るまでは不安でしかたなかった私ですが、この運転手さんのおかげで、久しぶりに外の空気が吸えて、よい気分転換になっていました。

帰り、自宅に向かうタクシーの中、孫は安心しきった顔で、私の隣でスヤスヤ寝息をたてていました。

「急に託児所から連絡があって、でも私は体が不自由で思うように動けないものですから、ひとりで病院に連れて行かれるかどうか、本当はとても不安だったんです」

私は言いました。

「運転手さん、今日は、息子がそばにいてくれているみたいで安心して行けました。本当に本当にありがとう」

そうお礼の言葉を口に出したとたん、ポロポロと涙がこぼれてきてしまいました。

家族旅行から行幸まで——勤続25年の思い出

今から20年以上も前、会社で観光案内業務が新たにスタートしました。

このとき私は、毎日のように各地へ観光に出かけました。日常利用する道路はよく知っていても、観光案内となるとあまり知識がなかったからです。

案内予定日の前日になると、さらに観光資料や雑誌を何冊も調べたり、それでも自信のない場所だと、さらに夜に再び下調べに走行したりすることもありました。

すこしでもお客さまに満足していただくためにと、今思えば「自分でもよくがんばったもんだな」と、当時のことが懐かしく思い出されます。

この観光案内業務開始以来、もうずいぶんたくさんのお客さまをご案内してきましたが、そのなかでも、一番思い出に残っているのは、東京からご夫婦とお子さん（1歳）の3名が、3泊4日でここ広島に来られたときのことです。

とにかく、とても親切なご夫婦で、すぐに仲良くなることができました。昼も夜も一緒の食事を囲み、夜はホテルのラウンジで一緒にカラオケに酔いしれたことなど、今思い出しても笑顔がこぼれてしまうほどです。

「また絶対に広島に来ます！」と言って帰っていかれたのですが、それから1年後に、本当にご夫婦はまた広島へやって来られたのです！

第二子が誕生したというので、誕生のお礼にと、私が案内した安芸の宮島神社にわざわざ参拝にいらしたのです。これには感激ひとしおでした。

ところで、弊社は、芸能界の方や政治家の方々にもよくご利用いただくのですが、数年前に元首相（当時は大臣）が広島へやって来たときには、私が、空港から市内までを警察の方々と一緒に運転するというお役目を果たすことになりました。

このときは、空港から市内まで時間がないというので、お弁当が用意されていたのですが、元首相は車内で食事をしながら、運転手の私に対してもとても優しく、気さくに声をかけ、ときには冗談も飛び出すなど、車内は和やかな雰囲気に包まれていました。

今もこのときのことが印象深く心に残っていて、テレビで姿を拝見するたび、当時のことが思い出され、親しみを感じています。

平成18年10月、皇太子殿下が広島を訪れた際には、そのときの行事で、私の運転するタクシーも、一行の列に参加しました。

一生に一度あるかないかの大仕事でした。

前日のリハーサルでは、私の車両を殿下の車両と想定し、警察の方々と一緒に護衛で走行しました。

大変名誉なことである一方、責務の重大さに、あらためて、「何て大変な仕事を引き受けてしまったのだろうか」と、正直、後悔にも似た気持ちでいっぱいになっていました。

しかし、無事に職務を遂行できたときには、そのような気持ちはたちまち一掃されました。これまでに味わったことのない達成感とともに、関係者や周りの人たちへの感謝の気持ちでいっぱいになっていました。

また、高円宮妃殿下のご来広の際は、直接運転をさせていただきました。

大役を仰せつかり、とても感動した一方、乗車していただき、ご挨拶をいただいただけで頭が真っ白になったりするなど大変でした。

無事にこの大役を終えたときの感動、そして体の疲れといったものは、こうした仕事をした本人にしかわからないものだと思います。

逃げ出したくなるほど気の張る大仕事もありましたが、今となってはすべてが何にもかえがたい大切な思い出です。

タクシー業界にいればこそ、こうしたいろいろな方々との出会いがあり、感動に出会えるのです。ここでいろいろな話を聞き学び、知識を得られたことは、私にとっての「人生の宝物」です。一生ずっと大切にしていきたいと思っています。

もちろん、今日このときもまた、タクシードライバーという仕事に感謝せずにはいられない大切な時間を過ごさせていただいています。

はじめて見た奥さまの笑顔

体力的にも精神的にも、女性が男性と対等にタクシードライバーという仕事を続けていくことは、やはり大変なことに違いありません。

それでも私がこの仕事を続けていられるのは、ほかでもなく、ご乗車いただくお客さまから、いつも〝感激〟という宝物をいただいているからです。

先日も、こんなうれしいことがありました。

それまでたびたび、私は介護タクシーを利用する70歳代の女性のお客さまを乗せることがありました。

その方は、左半身麻痺で、左足には補助具を装着していました。しかし、最近は杖をついて歩行ができるまでに回復していたため、ほとんど見守りのみの介助でした。

とても物静かな方で、車中でお話をしていると、すこしおっちょこちょいなところのある私でも、次第に心が落ち着いていくという、不思議な雰囲気を持つお客さまでした。

以前に一度だけ、そのお客さまではなく、ご主人の方を迎えに行ったことがあったのですが、その際、ご主人を玄関先に見送りに出てきたときにも、やはり、とても穏やかで楚々とした感じでした。

持病のあるご主人は、奥さまとは別に、他の病院へ一般のタクシーで出かけていることが多かったため、普段この家へ迎えにあがるときには、介護タクシーでいつも奥さまひとりの利用でした。

そんなある日、奥さまのほうもだいぶ体が回復してきたため、介護タクシーではなく、はじめて一般タクシーを利用することになりました。

たまたま近くを走行中だった私がお迎えにあがったのですが、ちょうど玄関前にはご主人が出ていました。降車してご挨拶をすると、ご主人は、家の中にいる奥さまに向かって大きな声でお声がけをしてくださったのです。

「おーい、石上さんが来てくれたよ！」

何ということもないやりとりですが、私はこのとき、とても感激しました。

奥さまとは何度も会っているのですが、ご主人とはたった一度しか会ったことがありません。つまり、たった一度きりの出会いでも、こうしてちゃんと自分の名前を覚えていてくださったからです。

「えっ、石上さん？　石上さんが来てくれたの？　本当？　すぐに行きます！」

中からそう声がしました。

それから間もなく、いつもは落ち着いて楚々とした感じの奥さまが、こぼれんばかりの笑みであらわれたのです。これまでに見たことのない、実に意気揚々とした表情です。

正直、すこし驚きましたが、「こんなにも私の迎えを喜んでくださっていたなんて！」と、思ったら、とてもうれしくなりました。

取るに足らない小さな出来事かもしれませんが、私には大きな大きな喜びでした。

このときの感激は、今も私の大切な宝物のひとつです。そして、こうした宝物があるからこそ、多少の困難があってもそれを乗り越え、これからもお客さまのお手伝いを誠心誠意やっていきたいと、心から思えるのです。

ひとりでタクシーに乗った日

私の地元のタクシー会社には、子どもひとりだけでもタクシーに安全に乗車することのできる「お子さま安心タクシー」というサービスがあります。夜遅くなったときなど、塾通いの小中学生に人気のようです。

実は、私の小学校時代のある出来事が、このサービス開始のきっかけになったと聞いています。

それは、まだタクシーの規制緩和がはじまる前、介護タクシーのサービスさえもなかった10年以上も前の話です。

共働きの両親にかわり、日中は祖母が家にいて私の面倒をみてくれていたのですが、その日は旅行か何かで祖母が家を空けるというので、私は当時通っていた塾で、そのまま夜まで過ごしていました。

母の仕事の終わる時間に合わせ、塾からタクシーに乗って母との待ち合わせ場所まで行き、そのまま一緒にタクシーに乗って自宅へ帰ることになっていたのです。

タクシーに乗り込む5分前に、塾の公衆電話から母親に電話をしたところ、「ホテルの玄関前で待っていて」と言われました。母の勤務先のホテルでした。

いつもは両親や祖母など、誰か保護者の大人と乗っているタクシーに、その日は子どもの自分がひとりで乗っていました。

バスや電車と違って、間違って乗ったり、乗り過ごしたなどという心配はないのですが、それでも私は緊張し、口を真一文字に結んだまま、ジッと後部座席に座っていました。

おそらく、見るからにガチガチに緊張した様子だったのでしょう。そんな私に運転手さんは、「僕、何年生？」と、声をかけてきてくれたのです。

私が4年生だということを知ると、運転手さんは、「おじさんの甥っ子も4年生になるんだよ」と言って、それからいろいろな話をしてくれました。

最初は、緊張のあまり冷や汗が吹き出しそうになっていた私でしたが、運転手さんと話しているうちにリラックスしてきて、ホテルに到着するころにはすっかり仲良しになっていました。

今思えば、私が寂しくないように、心細くならないようにと、いろいろと気をつかって話してくれていたのでしょう。

先日、たまたま母が乗ったタクシーの運転手さんが、偶然にもその方だったそうです。それだけでも驚きなのですが、さらに私を驚かせたのは、

「あれからもう何年もたって、お子さまもすっかり大きくなられたことでしょうね」

と、たまたま当時の話題が出た際、運転手さんがそう話していたということです。

私が20歳をすぎ、今は大学生だと伝えると、運転手さんは驚きながらも、とても喜んでいたそうです。

今はもうひとりでタクシーに乗れる大人の私は、いちいち運転手さんとのことなど覚えてはいません。しかし、最初の一歩を踏み出した私に、たくさんの勇気をくれたあのときの運転手さんのことは、これからも決して忘れることはないでしょう。

故郷のお墓を発見

子どものころ、姉と私は、東京の下町に住んでいました。戦争がはじまり、一家で岡山に疎開してきたのですが、そのまま私たちは岡山で結婚し、家庭を持ち、今では姉が80歳、私が76歳になりました。

縁起でもないと言われるのですが、実際には、いつお迎えが来ても決しておかしくはない年齢です。

そうしたこともあって、私たち姉妹は、「足腰の丈夫なうちに、残してきた先祖代々のお墓にお参りに行こう」ということで、はるばる上京することにしたのでした。

ところが、かつて住んでいた街の駅に降り立つと、そこはまるで別世界でした。私たち姉妹の記憶のなかの街はもうどこにもありませんでした。

それでも、地名だけは残っていたので、駅前でタクシーを拾い、そこへ行ってみることにしました。

しかし、その場所に到着はしたものの、墓地らしきところが見当たりません。30分くらい必死で探し回ったのですが、やはり見つけることはできませんでした。

「しかたないわね、こんなに探していただいても見つからないんだもの、あきらめて帰ります。ありがとうございました」

私たち姉妹は、運転手さんにそう言いました。

お墓参りはできなかったけれども、姉妹そろって元気にこうして故郷の地にやってこられたことが、何より喜ばしいことでした。

ところが、年老いた姉妹がはるばる遠方からやってきたというので、何とかして見つけてあげたいという一心だったのでしょうか、私たち姉妹よりも、その運転手さんのほうが、どうしてもあきらめきれない様子だったのです。

運転手さんは、私たちを駅に送る途中、自分のタクシー会社の事務所に立ち寄ることを強くすすめてきました。

見事、運転手さんの予想は的中しました。事務所でいろいろと聞いたり調べたりしているうちに、お墓の場所が判明したのです。

「これでもう、いつあの世にいってても心残りはないわね」

「いえいえ、私の目の黒いうちは、おふたりで毎年いらしてくださいね」

無事にお墓参りを終えて駅に向かう帰りの車内は、笑い声でいっぱいでした。

新人ドライバー

私は、入社してまだ1年足らずの新人ドライバーです。そんな私にとってタクシーの世界は、日々、驚きと感動の連続です。

私のタクシー会社の常連のお客さまに、すこし身体の自由がきかない方がいらっしゃいます。

その方は病院の車イスを使用しているのですが、いつも降車する前に私は、先回りをして車イスをお持ちします。

最初は何気なくはじめたことでしたが、これがことのほかお客さまに喜ばれたのです。

「親切にしていただきありがとう！」

そう、お客さまに言われたときの感激は、今でも忘れられません。

社の理念に、「お客さまの喜びは、私たちの喜び」という言葉があるのですが、この言葉が身にしみてよくわかった出来事でした。

こうしたことがあって、安全運転を心がけるということはもちろん、お客さまの喜びをよりいっそう深く考えながら行動するようになった私は、その後いろいろなことに気づくようになっていきました。

たとえば、荷物の多いお客さまが自宅前で降車される場合には、荷物を玄関まで運んであげたり、また、足の不自由なお客さまには手を貸したり。

私にとっては小さなことでも、こうしたことは、どのお客さまからも本当に喜ばれます。笑顔で「ありがとう」と言われるたび、すこし照れくさい思いもしますが、実は、これが私の原動力にもなっているのです。

また、私は最近、お手伝いをするだけでなく、車内での会話で明るく楽しい雰囲気づくりをすることも、とても重要だということをあるお客さまから学びました。

とても話が盛り上がったあと、お客さまが降車する際に、「いい気持で楽しかった」と言われたことがきっかけでした。

おかげで、最近は、このようなことを言われることがとても多くなりました。そして、やはり「楽しかった」と言われると、何を隠そう私自身もうれしくなって、その日1日が楽しいものになるのです。

先輩たちにくらべたら、まだまだ至らない点が多いのですが、「お客さまが気持ちよく降りていかれる空間」を提供できるように、今日も試行錯誤の連続です。

義眼のお客さま

「奥さん、お元気にされていますか？」

常連のお客さまで、いつもそう私に声をかけてくださる方がいます。

私の妻は、「先天性無眼球」という眼の病気で、生まれつき左目の眼球がありません。健康上の必要性から義眼を入れることになり、ここ数年繰り返し手術を行なっていたのです。

もともと土台のないところに義眼を入れようとするのですから、お尻から肉を取って瞼《まぶた》をつくるところからはじめて、それを動かす腱を太股の裏から取ったりなどと、手術の回数も合計で13回を数え、数年の歳月を費やしました。

その最後の手術を昨年、無事に終えたところでした。

私はそのお客さまに、乗車のたびに、こうした妻の容体や経過を話していました。

実は、そのお客さまを迎えにうかがって数回目のとき、何気ない会話のなかで視力の話題になり、その際、「私、義眼なの」と、お客さまが打ち明けてこられたのです。

あまりの偶然に驚いてしまいました。

「実は、私の妻も今、義眼の手術をしているところなんです！」と、思わず私は言っていました。

以来、そのお客さまは乗車のたびごとに、「奥さんはその後どうですか？」と、心配して声をかけてくれるようになったのです。

「おかげさまで、やっと義眼をつくるところまできました」

「そう、それは良かった」

そんなふうに、自分のことのように喜ぶお客さま。

そのお客さまはまた、自身の実体験、片目を失ったときの悲しかったこと、そして、周りの人たちから励まされたことなどを、ときには涙ながらに話して教えてくれました。

あるときは、「義眼って、こういうのよ」と、さっきまでそれが入っていた場所を手で隠しながら、もう片方の手にのせた義眼を「これまでは他人には見せたことないんだけど」と言って、差し出してきてくださったこともあります。

さすがにハンドルを握っていた手で触ることはためらわれ、実際に手にとることはできませんでしたが、お客さまの辛かったであろう過去とか、心からのやさしさに充分ふれることができたのでした。

ここまで至った過程は違えども、同じように義眼を使う境遇から、「奥さんを大事にしてあげてください」「これからは、心のケアも」と、たくさんの温かい言葉をかけてもらい、私は本当にどれだけ心強かったかしれません。

今の会社で介護タクシーの仕事に就いてもう7年になりましたが、日々、お客さまには教わることばかりです。そこで生まれるたくさんの「ありがとう」の気持ちとともに、今日も元気にハンドルを握らせてもらっている私です。

忘れられない「ありがとう」

タクシードライバーはサービス業ですから、仕事上、いろんな場面でお客さまに「ありがとう」と言われることが少なくありません。

そうしたたくさんの「ありがとう」のなかでも、私にはどうしても忘れられない「ありがとう」があります。

ある日、私は、20代の女性で、いかにも〝一流会社にお勤めのOLさん〟といった、おしゃれで凛とした感じの女性を乗せて走っていました。

はじめは、天気の話などたわいもない会話をしていたのですが、突然その彼女は、堰《せき》を切ったように、自分のことを話しはじめたのです。

山形の出身であること。東京の大学を出たこと。その後、外資系の会社に就職したばかりだということ。しかし、ストレスから「うつ病」になり、会社も休みがちだということ。

そして、今日は病院に行った帰りだということ。

また、自分のことを友人に話しても「すこし休めば元気になるよ、ゆっくりしてまたがんばれ」とか、「おいしいものでも食べてのんびりして気分転換すれば」などと言われるばかりだし、親は自分に期待しているからとても今の状況を言うことはできない等々……。

一見しただけでは、若くてきれいで今が一番いいときのように思えるのですが、やはり、人にはそれぞれあるようです。正直、私は驚いてしまいました。

そして、何とか励ましてあげられないものかと考えました。

すると、遠い昔、私自身にも苦しいときがあり、食べることも眠ることも働くこともできずにいたことがフッと心に浮かび、そのときの辛い気持ちが思い出されたのです。

しかし、何らアドバイスの言葉は見つかりません。

「そうですか、本当に苦しい思いをされているんですね……」

「食べなきゃいけないのがわかっていても食べられないんですよね……」

「がんばらなきゃいけないのに逆に何にもできないんですよね……」

ただただ私は、相手の話をそうやって受けとめ、うなづくことしかできませんでした。

やがて目的地が近づき、最後に何か一言くらい気の利いたことでも言えないものかと私はあせっていました。すると、

「ごめんなさい。でも、お話しできて良かったです。本当にありがとうございました。大丈夫、私、答えは自分で出すしかないってわかっていますから」

そう言って彼女はタクシーを降りて行ったのでした。

人のためになるとか、手助けをするとか、役に立つとか、ふだん私たちは簡単にそう言って、それを「サービス」だと思っています。そして、そういう行動というのは、比較的わかりやすいものです。

しかし、私はこのときに思いました。

「それ以前に〝相手の心に寄り添う〟というのか、そういうことができれば……」

もちろん、こうした思いは〝おごり〟なのかもしれません。それでもやはり、「彼女は今頃どうしているのだろうか？」と、今でもときどき思い出しては考えさせられます。

たくさんの「ありがとう」のなかにあって、それまでのものとはまるで違っていた彼女の「ありがとう」を、いつまでも私は忘れることができません……。

ずっと待っていてくれたお客さま

会社の近くにある駅でお客さまを降ろしたときのことです。

空車になるのを見計らうようにして、ひとりの女性が近づいてきました。

私のタクシーのところまで来ると、その女性はその場で紙に何かを書いてこちらに渡してきたのです。

「私、ここのタクシーを待っていました。隣り町のたばこ店までお願いします」

このお客さまは、聴覚の不自由な方だったのです。そのため、電話をかけてタクシーを呼ぶことができずにいたのでした。

だから彼女は、この場所でいつかやってくるであろうタクシーを、佇んでジッと待っていたのです。

その間、おそらく他社のタクシーが何台か目の前を通り過ぎていったに違いありません。

また、すぐ隣はタクシー乗り場でもあるため、いつでも他のタクシーには乗れたはずです。にもかかわらず、彼女はずっと佇んで私の会社のタクシーが来るのを待ってくれていたのです。

心底感動してしまいました。また、自分たちのタクシー会社がこれほどまでにお客さまから求められているのだと実感させられ、感謝の気持ちでいっぱいになりました。

「ずっと待っていてくれたんですね。ありがとうございます」

思わず、お客さまのメモ帳を借り、私はそう記して渡していました。

疲れた顔も、いやな顔も見せず、彼女は、ニコリと笑いながらうなずきました。

聴覚にハンディがあるため、これまでに彼女は、他社で嫌な経験をしてきたのかもしれません。

しかし、たとえハンディがあっても、ここのタクシーならば、またここのドライバーであれば、何の不自由もなく、何の心配もなく乗ることができる。きっと、彼女にはそんな思いがあったのでしょう。

あらためて、自分たちの職業の使命、責任というものを強く感じざるを得ませんでした。彼女が降車するとき、私は名刺を渡しました。

「ちょっと待ってくださいね」

そう言って私は、自分の携帯のアドレスを書き込み、「いつでも連絡してください
ね！」というメッセージを添えたのでした。

「ありがとうございます」

声にならない声で、そう彼女はお礼を言いました。そして、大事に大事にその名刺を手帳にしまい込むと、満面の笑顔とともにタクシーを降りて行かれたのでした。

あとがき

すべての編集作業を終え、あとは刷り上り・店頭配本を待つのみとなりました。やり終えた、というよりも次へのスタートを切った、そんな気分です。

思い返せば、すべてが「ご縁」でつながった企画でした。２００６年４月のタクシー業界とのご縁。２００８年９月の片腕のドライバー高橋さん（仮名）とのご縁。そして編集からエピソードのリライトまでお世話になったフリーライターの鈴木ゆかりさんとのご縁。まったく売れ行きの読めない業界本の出版を手がけてくださった出版プロデューサーの竹下祐治さん、総合法令出版編集部の田所陽一さんとのご縁。まだまだ数え切れないほどのご縁が、本書の出版を実現させてくれました。

実は、出版の打ち合せを繰り返す中で、袋小路に入り込んでしまったときがありました。

「本当にこの本は売れるんだろうか？　そもそもこの本の出版が業界にとって良いことだろうか？」

今思えば、「そんなこと考えても仕方ない」ことばかりです。悶々としている自分に1通のメールが届きました。

「とにかく、書きたいこと書いてみたらいいんじゃないですか？」

なにか暗雲がパーッと晴れるのを感じました。もともとご縁で繋がった企画。伝えたいことがあって、想いがあってスタートしたタクシードライバーズフェスタ。その想いをとにかく文章にしてみよう。そう思って一気に書き上げたのが、この本の前書きです。

「そういえば、イベント開催に向けて駆け回っていたとき、ずっとこんなこと言っていたよな……」

初心忘るべからず。元々なぜこのイベントを、そしてこの出版をしようと思ったのか、そんな初心をすっかり忘れてしまっていたようです。それを1通のメールで気づかせてくれた鈴木さんに、この場を借りて感謝いたします。

さて、本書を手に取り、ここまで読み進めていただいたみなさま。なにかひとつでも心に残るエピソードがありましたでしょうか？　あなたがタクシー業界関係者なら、この仕事の素晴らしさを再認識するキーワードが。業界関係者以外なら、タクシードライバーという仕事のイメージを変える何かが。ひとつでも、そんな「何か」があったのなら、この本は一定の役割を果たせたのではないかと思います。

タクシードライバーズフェスタ２００９の閉幕時、会場のみなさまに伝えたメッセージがあります。あのときの想いをぜひ、みなさまにもお伝えしたく、ここに全文をご紹介したいと思います。

みなさん、タクシードライバーズフェスタ２００９、いかがでしたか？

タクシードライバーという素晴らしい職業、そして全国各地でがんばっている仲間達。ゆるぎない誇りと明日への情熱が湧いてきたでしょうか？

これからの世の中、タクシードライバーに求められる仕事の範囲は間違いなく広がっていくでしょう。こんなに求められ、こんなに必要とされるタクシードライバーという仕事。それを支えるみなさまに心よりエールを贈り、そして拍手を贈ります。

そして今回のイベントを支えていただいたすべての方へ。この場を借りて厚く御礼申しあげます。ありがとうございました。タクシードライバーズフェスタは２０１０へ。また数々の素晴らしいエピソードを紡ぎ、たくさんのお客様に感動を与え、また来年、このステージに戻ってきてください！

今日はありがとうございました。大・大・大感謝！

タクシードライバーズフェスタ2010は、すでにスタートを切っています。そして、2009をはるかにしのぐ数のエピソードが集まるでしょう。また来年の今頃、みなさまにタクシードライバーの素晴らしさを伝える本をお届けできるのを楽しみにしています。

最後に、本書の出版にあたって企画段階から全面的にサポートいただいたフリーライターの鈴木ゆかりさん、出版プロデュースを手がけていただいた竹下祐治さん、総合法令出版編集部の田所陽一さん、そしてなにより素晴らしいエピソードを届けてくれたタクシードライバーのみなさまに、改めて心より御礼申しあげます。また来年、もっと素晴らしいエピソードを必ずみなさまにお届けすることを約束して、筆を置きたいと思います。

感謝！

2010年6月

タクシードライバーズフェスタ実行委員長
酒井大介

本書に収録されたエピソードは以下のタクシー会社のみなさんから寄せられたものです。
（※順不同、五十音順）

株式会社愛鶴（神奈川県）
協進交通有限会社（千葉県）
株式会社コミュニティタクシー（岐阜県）
有限会社サイトウ観光 東洋タクシー（群馬県）
株式会社さわやか交通（茨城県）
株式会社尻屋観光（青森県）
第一タクシー株式会社（広島県）
中央タクシー株式会社（長野県）
株式会社ハートフルタクシー（神奈川県）
平和タクシー有限会社（香川県）
有限会社武藤自動車（千葉県）

『タクシードライバー「感動のエピソード」』募集

　このたびは本書をお買い上げいただき、誠にありがとうございます。

「タクシードライバーズフェスタ」では、タクシーを利用されるお客さまとドライバーとの間にあった心温まる感動エピソードを募集しております。

　お寄せいただいたエピソードの中から毎年大賞を選んでイベントの場で発表させていただくほか、書籍化などの形で広く世の中に紹介したいと思います。

　みなさま、奮ってご応募ください。

【テーマ】　あなたとタクシードライバーとの間にあった感動エピード
【大賞作品】　「タクシードライバーズフェスタ」で発表。
【文字数】　2000 字以内

【応募方法】
e メールもしくは郵送でお送りください。e メールの場合は、原稿の word 文章を添付して、件名に「タクシードライバーエピソード募集係」とご記入ください。募集原稿と一緒にタイトル、お客さまの郵便番号、住所、電話番号、ドライバーの会社名・氏名、年齢を明記した紙を同封、もしくはメールで添付してください。

◆詳しい内容はコチラから
　URL：http://www. taxi-festa.com/

【応募先】
e-mail の場合　info@taxi-festa.com
郵送の場合　〒100-0005　東京都千代田区丸の内 1 - 6 - 6　日本生命丸の内ビル 21 階　㈱船井総合研究所　タクシードライバーエピソード募集係

※ご注意
・応募原稿は返却いたしません。
・採用作品の出版権及び映像化、コミック化などの二次使用権はすべて株式会社船井総合研究所に帰属します。
・応募された方の個人情報は、上記以外の目的に利用することはありません。

タクシードライバーズフェスタのご紹介

「タクシードライバーズフェスタ」とは、全国でがんばっているタクシードライバーのみなさまにスポットを当てたタクシー業界最大のイベントです。

ドライバーの方々をはじめ多くの業界関係者様にお集まりいただき、“タクシー業”という仕事の素晴らしさとそこから生まれ得る無限大の可能性を再認識することを目的とします。また、タクシーにまつわるお客様との間に生まれた笑いあり・感動ありのエピソードを紹介し、業界の地位向上と活性化に最も貢献したと思われるタクシードライバーを表彰いたします。

タクシー業に携わるみなさまのご参加をお待ちしております。

◆詳しい内容はコチラから
URL http://www. taxi-festa.com/

※ 2010 年度の開催概要
【開催日】 2010 年9月5日（日）
【時間】 13：00 ～ 16：40（予定）
【会場】 読売ホール（東京都千代田区有楽町 1 -11- 1　読売会館 7 階）
【参加料金】 3,000 円／税込み（一名様）

【お問合せ先】
㈱船井総合研究所（東京都千代田区丸の内 1 - 6 - 6　日本生命丸の内ビル 21 階）
TEL0120-945-660（平日 9：00 ～ 18：00）　FAX0120-974-222（24 時間受付中）
担当：タクシードライバーズフェスタ事務局

昨年のタクシードライバーズフェスタ 2009 の模様

【編者紹介】

酒井大介（さかい・だいすけ）

1979 年 6 月、新潟県南魚沼市生まれ。
株式会社船井総合研究所 タクシービジネスコンサルティングチーム チームリーダー、経営コンサルタント。
タクシー業界を専門分野として、全国 50 社を超える会員企業経営者とともに、タクシー業界の地位向上と活性化を目指して活動中。
2009 年 9 月、タクシードライバーという仕事の素晴らしさを再認識するためのイベント「タクシードライバーズフェスタ 2009」を実行委員長として開催。2014 年に日本武道館での開催をめざしている。

※タクシードライバーズフェスタ公式ホームページ
http://www.taxi-festa.com/

一期一会のサービス
タクシードライバー50の感動エピソード

2010年7月6日　初版発行

編　者　酒井大介
発行者　野村直克
発行所　総合法令出版株式会社
〒107－0052　東京都港区赤坂1-9-15 日本自転車会館2号館7階
電話　03-3584-9821（代）
振替　00140-0-69059

印刷・製本　中央精版印刷株式会社

落丁・乱丁本はお取替えいたします。

ISBN 978-4-86280-216-3

総合法令出版ホームページ　http://www.horei.com

総合法令出版の好評既刊

鏡の法則

人生のどんな問題も解決する魔法のルール

野口嘉則 ［著］

B6判　並製　　定価（本体952円+税）

この短い物語には、あなたの悩みを解消し、運を開くヒントがあります。

読んだ人の9割が涙した!　インターネットで爆発的にひろがっている愛と感動の真実のストーリー。

問題を解決し、望む人生を実現する秘訣がいま明かされる。